Jude Lyke Nicholars

Um sistema online de registo e reclamação de apólices de seguro

Jude Lyke Nicholars

Um sistema online de registo e reclamação de apólices de seguro

ScienciaScripts

Imprint

Cover image: www.ingimage.com

This book is a translation from the original published under ISBN 978-3-659-83055-6.

Publisher:
Sciencia Scripts
is a trademark of
Dodo Books Indian Ocean Ltd. and OmniScriptum S.R.L publishing group

120 High Road, East Finchley, London, N2 9ED, United Kingdom
Str. Armeneasca 28/1, office 1, Chisinau MD-2012, Republic of Moldova, Europe
Printed at: see last page
ISBN: 978-620-8-23345-7

Índice:

DEDICAÇÃO

Dedico este projeto aos meus pais, o falecido Sr. Nicholars Okechukwu Enyi e a Sra. Esther Enyi, à minha mulher, a Sra. Yvonne Nakandi Mukasa, ao meu supervisor Hasifah Namatovu Kasujja, aos meus professores, aos amigos que, de diferentes formas, me apoiaram e orientaram para tornar possível a conclusão bem sucedida deste projeto.

RECONHECIMENTO

Os meus sinceros agradecimentos aos meus pais, o falecido Sr. Nicholars Okechukwu Enyi e a Sra. Esther Enyi, e à minha mulher, a Sra. Yvonne Nakandi Mukasa, pelo seu apoio financeiro e moral ao longo de todo o meu percurso educativo.

Os meus sinceros agradecimentos à minha supervisora Hasifah Namatovu Kasujja pelo seu apoio e orientação contínuos ao longo de todo este projeto.

Também aplaudo os clientes do NIC e todo o pessoal da National Insurance Co-operation, especialmente o gestor de TI, Sr. Edwin Muruka, e o secretário da Corporação, Barrister Elias Edu, que me forneceram todas as informações necessárias que tornaram o projeto possível.

Um voto de apreço vai para todos os meus professores que me transmitiram conhecimentos que me permitiram trabalhar neste projeto e também para os meus amigos que me apoiaram.

A todos aqueles que mencionei e não mencionei e que me ajudaram neste projeto e ao longo de todo o curso, agradeço e que o bom Deus vos abençoe a todos.

RESUMO

Devido ao rápido crescimento do número de clientes no sector dos seguros, é necessário melhorar as formas de prestação de serviços de seguros. A concorrência também está a aumentar no sector dos seguros e as empresas devem ser capazes de introduzir novos produtos e serviços através de vários canais de distribuição. Além disso, os clientes estão a tornar-se muito exigentes, por exemplo, querem poder examinar e atualizar os seus próprios registos em linha. Por conseguinte, os pedidos de apólices e os relatórios de sinistros devem ser processados de forma rápida, eficiente e, se possível, automática, pelo que é necessário aplicar as tecnologias da informação para gerir eficazmente os registos da empresa, proporcionar acesso imediato e melhorar a produtividade, de modo a satisfazer a procura crescente de apólices de seguros e sinistros por parte dos clientes.

CAPÍTULO 1
INTRODUÇÃO

1.0 Introdução

A National Insurance Co-operation Limited (NIC) é um dos principais fornecedores de serviços de seguros e de gestão de riscos no Uganda. Criada por uma lei do Parlamento em 1964, a NIC tem um historial de serviço às necessidades do Governo do Uganda e dos clientes do sector privado.

A NIC, uma companhia de seguros altamente capitalizada e licenciada para prestar todos os tipos de serviços de seguros, tem sido um importante fornecedor de cobertura de primeira classe contra os principais riscos na economia do Uganda desde 1964 até à data. A visão da NIC é ser a companhia de seguros líder e de maior confiança no Uganda e na sub-região da África Oriental. A NIC é a maior operadora de seguros de vida no Uganda, com um pedigree invejável de excelência de serviços, uma cultura superior de atendimento ao cliente e contactos comerciais internacionais de primeira linha. Os seus serviços personalizados e a sua tradição de pagamento rápido de sinistros tornaram a NIC conhecida dos clientes mais exigentes do Uganda e de toda a região da África Oriental. A sua rede de agências em todo o país permite-lhes prestar serviços personalizados e rápidos aos seus clientes. A NIC tem uma série de produtos e apólices, incluindo;

NIC Indemnização Profissional, NIC Marítimo e Aéreo, NIC Acidentes Pessoais de Grupo, NIC Engenharia e Empreiteiro, NIC Seguro contra Todos os Riscos, NIC Indemnização dos Trabalhadores, NIC Responsabilidade Civil do Empregador, NIC Incêndio e Perigos Associados, NIC Roubo/Furto, NIC Garantia de Fidelidade, NIC Abrangente, NIC Seguro Médico Expresso e NIC Automóvel.

1.1 Antecedentes do problema

Ao longo dos anos, o número de pessoas que subscrevem apólices de seguro no Uganda tem vindo a aumentar, o que tornou necessário melhorar as formas de prestação de serviços de seguros. Atualmente, uma pessoa que subscreva um seguro tem de se deslocar fisicamente ao gabinete do NIC mais próximo para preencher um formulário de proposta para se registar no seguro. O mesmo procedimento é adotado quando um requerente apresenta um pedido de indemnização de seguro. Neste caso, o cliente preenche um formulário de pedido de indemnização e todo o processo é fastidioso devido ao método manual de investigação e comunicação. Este processo é incómodo para muitas pessoas que vivem longe dos gabinetes do NIC na sua região, sendo também desperdiçado muito tempo, uma vez que os clientes têm de esperar por uma resposta, e são feitas despesas desnecessárias de transporte. Assim, o investigador propôs o desenvolvimento de um sistema em linha de registo e reclamação de apólices de seguro que permita aos clientes do NIC subscrever um seguro, verificar o estado da sua apólice, apresentar reclamações e receber actualizações em tempo real.

1.2 Declaração do problema

O NIC tem utilizado um sistema manual para registar os seus clientes e prestar-lhes serviços de seguros, tais como a subscrição de apólices e a apresentação de pedidos de indemnização. Para receber qualquer um dos serviços supramencionados, o cliente tem de se deslocar a qualquer um dos escritórios do NIC, uma vez que os dados armazenados num local não estão imediatamente disponíveis noutro local, o que é cansativo e moroso. Além disso, o acesso à propriedade avaliada a segurar é também um grande problema, uma vez que não pode ser feito em tempo real e de forma automatizada. Além disso, este sistema atual é vulnerável à utilização indevida por pessoas não autorizadas. Também não permite a separação de privilégios, na medida em que qualquer utilizador pode ler, escrever ou modificar qualquer documento. Ocupa um grande espaço de escritório devido à existência de vários ficheiros. Por conseguinte, após uma análise cuidadosa, recomenda-se a criação de um sistema de registo de apólices de seguro e de pedidos de indemnização em linha para automatizar estes processos de negócio de seguros e evitar estes problemas.

1.3 Objetivo principal

Desenvolver um sistema em linha de registo e reclamação de apólices de seguros para a National Insurance Corporation (NIC).

1.3.1 Objectivos específicos

Estudar os actuais sistemas utilizados pela National Insurance Corporation e identificar os requisitos para um sistema em linha de registo de apólices de seguro e de pedidos de indemnização.

Conceber um sistema de registo e de reclamação de apólices de seguros em linha.

Implementar um sistema em linha de registo de apólices de seguros e de pedidos de indemnização.

Testar e validar o sistema de registo de apólices de seguros e de pedidos de indemnização em linha.

1.4 Âmbito de aplicação

De um modo geral, espera-se que o estudo melhore os serviços de seguros no Uganda; assim, os clientes que procuram serviços de seguros podem agora adquiri-los em linha. O estudo preliminar centra-se na National Insurance Corporation, que é o estudo de caso. O principal objetivo é criar um sistema em linha de registo e reclamação de apólices de seguro para esta empresa, a fim de melhorar a sua prestação de serviços. Os utilizadores poderão registar-se e subscrever seguros, obter feedback, actualizações, ver o estado dos seguros e também apresentar os seus pedidos de indemnização em linha sem se deslocarem aos escritórios da empresa.

1.5 Significado

No final deste projeto, foi desenvolvido um sistema em linha de registo de apólices de seguro e de pedidos de indemnização, que apresenta as seguintes vantagens

O sistema permite aos clientes do NIC subscrever e adquirir seguros em linha.
O sistema ajudou o NIC a reduzir os custos de funcionamento, nomeadamente os custos de mão de obra, diminuindo o número de efectivos que trabalhavam no sistema manual. A ubiquidade deste sistema também ajudou o NIC a resolver o problema da abertura de outras sucursais em todo o país.
O sistema melhorou a eficiência e a eficácia da empresa, dando-lhe assim uma vantagem mais competitiva no mercado dos seguros no Uganda.
O sistema reduziu o tempo desperdiçado na obtenção de relatórios de avaliação e investigação de propriedades que estão a ser objeto de apólices ou de sinistros.

CAPÍTULO 2
REVISÃO DA LITERATURA

2.1 Introdução

Este capítulo apresenta a literatura sobre a metodologia de investigação e o desenvolvimento de outros sistemas de informação relevantes para o estudo. Apresenta também a literatura do estudo de investigação, fornecendo pormenores sobre o sistema de registo de apólices de seguro e de reclamações, o sistema de registo de apólices de seguro e de reclamações atual ou existente. O comércio eletrónico e a Internet estão a tornar-se cada vez mais um dos mais importantes motores de mudança estratégica para as empresas. Arora (2003) explica que o sector dos seguros tem estado atrasado em relação a outros serviços financeiros no que se refere à adoção desta nova mudança nas suas actividades. De acordo com Ahonen (2002) e Jarvinen (2001), no início, os serviços Internet prestados pelas companhias de seguros centravam-se nos serviços baseados na informação. Desde então, as companhias de seguros estão também a criar e a fornecer serviços interactivos através da Internet. A razão subjacente a esta evolução é a redução dos custos, a aceleração das transacções e dos serviços e uma melhor acessibilidade. Atualmente, é possível adquirir alguns serviços de seguros simples, como o seguro de viagem, através da Internet, mas até agora não está disponível uma linha completa de cobertura de seguros. No entanto, muitas companhias de seguros deram prioridade a instalações Web entre empresas que permitem aos clientes empresariais atualizar a sua cobertura de seguro, solicitar indemnizações e obter informações através da Internet.

De acordo com Sebastian (2009), a concorrência está a aumentar no sector dos seguros e as empresas devem ser capazes de introduzir novos produtos e serviços através de vários canais de distribuição. Além disso, os clientes estão a tornar-se muito exigentes, por exemplo, querem poder examinar e atualizar os seus próprios registos em linha. Por conseguinte, os pedidos de apólices e os relatórios de sinistros devem ser processados de forma rápida, eficiente e, se possível, automática, pelo que é necessário aplicar as TI para gerir eficazmente os registos da empresa, proporcionar acesso imediato e melhorar a produtividade, de modo a satisfazer a crescente procura de apólices de seguro por parte dos clientes, como sugerem Madueme (2009) e Furey (1991). De acordo com Harris e Katz (1991); Richard e Barbara (2009), as TI estão a mudar os processos empresariais e introduziram uma "economia em rede", em que as empresas estão ligadas aos fornecedores, fabricantes, expedidores e clientes em tempo real.

2.2 Definição e tipos de seguros

Os recentes avanços nas TI estão a mudar o negócio dos seguros através do aumento da eficiência e do reforço da qualidade do serviço, como sugere um estudo de Madueme (2009). As TI podem, portanto, ser definidas como o processamento e a

distribuição de dados utilizando hardware informático, telecomunicações e eletrónica digital.
De acordo com a Organização para a Cooperação e o Desenvolvimento Económico (OCDE, 2005), o seguro é uma forma de gestão de riscos que vários indivíduos e instituições realizam para proteger as suas propriedades e, por conseguinte, o seguro em linha refere-se à compra e venda de seguros através da Internet ou em linha. Nos últimos anos, o negócio dos seguros tem vindo a crescer devido ao avanço das TI e abrange uma vasta gama de sectores que incluem, para mencionar apenas alguns;
O seguro de habitação cobre os danos ou a destruição da casa do tomador do seguro. Em algumas zonas geográficas, a apólice pode excluir certos tipos de riscos, como inundações ou terramotos, que exigem uma cobertura adicional. As questões relacionadas com a manutenção são normalmente da responsabilidade do proprietário. A apólice pode incluir o inventário ou este pode ser adquirido como uma apólice separada, especialmente para as pessoas que alugam habitação. Em alguns países, as seguradoras oferecem um pacote que pode incluir a responsabilidade civil e jurídica por lesões e danos materiais causados por membros do agregado familiar, incluindo animais de estimação (OCDE, 2005).
O seguro automóvel protege o tomador do seguro contra perdas financeiras em caso de incidente com o veículo de que é proprietário.
A cobertura inclui normalmente: Cobertura de bens para danos ou roubo do automóvel. Cobertura de responsabilidade civil para a responsabilidade legal perante terceiros por lesões corporais ou danos materiais.
Cobertura médica para o custo do tratamento de lesões, reabilitação e, por vezes, perda de salário e despesas de funeral. A maioria dos países, como o Reino Unido, exige que os condutores adquiram algumas destas coberturas, mas não todas. Quando um automóvel é utilizado como garantia para um empréstimo, o mutuante exige normalmente uma cobertura específica.
Os seguros de saúde cobrem os custos dos tratamentos médicos. O seguro dentário, tal como o seguro médico, protege os segurados das despesas dentárias. Nos Estados Unidos e
No Canadá, o seguro dentário faz frequentemente parte do pacote de benefícios de uma entidade patronal, juntamente com o seguro de saúde.
O seguro de vida proporciona um benefício monetário à família do falecido ou a outro beneficiário designado e pode prever especificamente um rendimento para a família do segurado, o enterro, o funeral e outras despesas finais (Muljadi, 2011).
O seguro de bens oferece proteção contra riscos patrimoniais, como incêndio, roubo ou danos causados pelas intempéries. Pode incluir formas especializadas de seguro, tais como seguro contra incêndios, seguro contra inundações, seguro contra terramotos, seguro de habitação, seguro marítimo interior ou seguro de caldeiras.

2.3 Sobre o sistema de registo e reclamação de apólices de seguro em linha.

Este estudo explora as intenções dos seguros electrónicos em relação à forma tradicional de seguros realizada pelas companhias de seguros. Este sistema de registo de apólices de seguros e de reclamações demonstra o sucesso do modelo de negócio de seguros electrónicos, revolucionando a solução de seguros que pode facilitar o processamento e os serviços em linha para os parceiros de seguros, agentes e clientes através da Internet e reduzindo os custos globais de transação associados à gestão das transacções de seguros.

Até à data, a maior parte do trabalho em muitas companhias de seguros ainda é efectuada em papel. Por exemplo, as encomendas dos clientes da NIC continuam a ser recebidas segundo os métodos antigos, sendo necessário deslocar-se fisicamente a uma sucursal para fazer as encomendas e apresentar os formulários, e o processo de tratamento destes documentos é moroso e desnecessário, como sugere um estudo de Ahmadi e Salami (2010), o que faz com que os clientes mantenham relações com várias companhias e cessem rapidamente o contacto se não estiverem satisfeitos com a qualidade dos serviços. No entanto, tem havido algum interesse e experimentação no alargamento do acesso em linha e à plataforma móvel devido ao número crescente de pessoas que subscrevem os serviços de seguros no Uganda. Esta infraestrutura de seguros em linha terá a capacidade de fornecer aos clientes "acesso em qualquer altura e em qualquer lugar" aos serviços de seguros através da Internet e de uma funcionalidade a partir dos seus computadores com acesso à Internet, sem terem de se deslocar fisicamente a uma sucursal.

Este sistema ajudará os clientes a segurar os seus bens em linha em caso de riscos ou de destruição não intencional dos bens segurados. De acordo com (AMPinsure, 2014), quando um cliente se quer registar na companhia de seguros, o sistema fornece uma interface onde os clientes interessados podem abrir uma conta, registando-se na companhia, e candidatar-se ao tipo de seguro do seu interesse a um preço definido pela companhia de seguros e também fazer as suas reclamações. Os utilizadores podem pesquisar, visualizar e, em seguida, candidatar-se ao tipo de seguro que lhes interessa e poderão adquiri-lo ao preço indicado, bem como apresentar pedidos de indemnização à distância de um clique. O sistema também permitirá que os clientes verifiquem o estado da sua conta e, sempre que a companhia de seguros introduzir um novo produto de seguro, este estará disponível no sistema de registo e de reclamação de apólices de seguro em linha, bastando para tal executar um programa de atualização automática, pelo que as actualizações de novos produtos e serviços de seguros oferecidos pela companhia de seguros estarão prontamente disponíveis. (AMPinsure, 2014).

O sistema está aberto aos clientes 24 horas por dia, de acordo com uma sugestão do (ICSI, 2013). Agora que o mundo se tornou uma aldeia global, as empresas estão ligadas em rede entre países. Estas empresas necessitam de uma infraestrutura de rede estável e fiável que possa funcionar e lidar com um processamento rápido, simultâneo e em tempo real. Agora, com o avanço da tecnologia da informação, o processamento simultâneo de dados numa base diária é evidentemente possível. Este facto aumentou a eficiência das empresas. Podemos dizer que, quanto mais as empresas crescem, mais dependentes se tornam dos sistemas de informação, sete dias por semana, e que também incluiriam uma série de caraterísticas de segurança, tais como privilégios administrativos para os administradores, e também seriam capazes de impedir o acesso não autorizado, a modificação e a eliminação de contas e informações de clientes por pessoal não autorizado. O sistema também permitirá que os clientes façam perguntas e pedidos de informação sobre a companhia de seguros e também permitirá que os administradores acompanhem as contas dos seus clientes e armazenem informações privadas dos clientes.

2.4 Méritos da criação de uma presença em linha para os seguros.

Os seguros em linha são preferíveis aos métodos de seguro tradicionais porque permitem o registo, a aplicação e a reclamação de seguros "em qualquer lugar e a qualquer momento". Os clientes não terão necessidade de se deslocar fisicamente aos escritórios de seguros para aceder aos serviços de seguros. Com o sistema de registo e reclamação de apólices de seguros em linha, poderão aceder aos serviços de seguros a partir do conforto de qualquer lugar e a qualquer momento com ligação à Internet, tal como os clientes com telemóveis com acesso à Internet, como os Smartphones (AMP, 2014).

Redução dos custos operacionais envolvidos no processamento de serviços e produtos de seguros em linha. As companhias de seguros que utilizam este sistema de registo de apólices e de pedidos de indemnização estarão, por conseguinte, em posição de poupar fundos que, de outro modo, teriam sido gastos na utilização desnecessária de recursos. De acordo com a Data Board Limited (1998), há mais de uma década, foi sublinhado que as vantagens das TI para o sector dos seguros na Nigéria incluiriam formas mais rápidas e precisas de fazer as coisas, aliviando os trabalhadores do fardo de executar pequenas tarefas repetitivas e eliminando a utilização desnecessária de recursos. Em contraste com a afirmação anterior, este sistema irá emular os benefícios mencionados no processo de seguros e, por conseguinte, as companhias de seguros não terão de gastar dinheiro a abrir mais sucursais e também eliminarão a utilização desnecessária de recursos, de modo a servir eficazmente a procura crescente de seguros, de acordo com a Data Board Limited (1998).

O sistema em linha de registo de apólices de seguros e de pedidos de indemnização executará um programa de atualização automatizado com base nas exigências dos clientes e, por conseguinte, estarão disponíveis actualizações de novos produtos e serviços de seguros para satisfazer as necessidades e expectativas em constante evolução de cada cliente. Normalmente, as companhias de seguros dividem os seus clientes nos seguintes segmentos: clientes particulares, empresários, clientes empresariais de média dimensão, clientes empresariais de grande dimensão e internacionais e clientes do sector público. Estes segmentos de clientes têm necessidades diferentes devido a muitas razões e é muito importante descobrir que tipo de serviço eletrónico de seguros atrai cada grupo, pelo que as companhias têm de ser capazes de responder a estas mudanças a tempo. Este sistema estará em posição de responder a estas mudanças, utilizando um programa de atualização automatizado para atualizar novos produtos e serviços de seguros de acordo com as necessidades e mudanças dos clientes. Assim, as actualizações dos novos produtos e serviços de seguros oferecidos pela companhia de seguros estarão prontamente disponíveis para os clientes.(laudon,2012)

O sistema de registo e reclamação de apólices de seguro em linha estará em condições de tratar um grande número de clientes que se inscrevem, solicitam e reclamam serviços de seguros em linha de uma só vez, promovendo assim a eficiência e poupando tempo, em vez de ter pessoas na sucursal para lidar com o grande número de clientes que tentam aceder aos serviços de seguros de uma só vez, o que também é cansativo para os funcionários e para os clientes que têm de fazer fila durante longos períodos para apresentar os seus formulários de registo e reclamação. A eficiência pode, por conseguinte, ser descrita como o grau de input em relação ao output e o sistema proposto será eficiente tanto para os utilizadores como para a companhia de seguros, na medida em que permite tratar uma vasta gama de tarefas ao mesmo tempo. Em relação à Data Board Limited (1998), o sistema de registo de apólices de seguro e de apresentação de pedidos de indemnização também eliminará grande parte do tratamento de documentos e do trabalho administrativo através da informatização do tratamento de documentos.

Utilizando o sistema em linha de registo de apólices de seguro e de pedidos de indemnização, os clientes podem encontrar facilmente e de forma rápida informações fiáveis sobre os produtos e serviços de seguros que pretendem adquirir. Um estudo realizado por Karimi *et al.* (2001) explica que as TI beneficiam o sector dos seguros de várias formas: os compradores estão geralmente mais dispostos a fazer compras se o processo de compra for fácil e imediato e a incorporação de mais tecnologia nos produtos e serviços de seguros tem um impacto profundo no nível de concorrência, o que aumenta o nível de eficiência nas companhias de seguros, pelo que cada vez mais empresas de serviços, como as companhias de seguros, estão a fornecer opções de serviços baseadas nas TI aos seus clientes, de modo a trazer benefícios como a melhoria da qualidade dos produtos e serviços, a melhoria da satisfação dos clientes, o aumento da produtividade e a melhoria do desempenho financeiro. Um estudo efectuado por Matassa *et al.* (2003) e Jeffers (2003) revela que uma contribuição potencial das TI para o desempenho das empresas é a sua complementaridade com outros recursos para melhorar o desempenho do serviço ao cliente, o que pode ser um fator importante para determinar a viabilidade e a vantagem competitiva da empresa com base na capacidade de processar a informação de forma eficiente. Em contraste com as afirmações anteriores, o sistema em linha de registo e reclamação de apólices de seguros melhorará o processo de compra no sector dos seguros, atraindo assim mais clientes, uma vez que é fácil encontrar e comprar um produto ou serviço utilizando este sistema.

2.5 Sistemas de seguros em linha existentes relacionados

2.5.1 Um bom seguro eletrónico

A Nice e-Insurance é um dos intervenientes na prestação de serviços de seguros online através de um sistema de seguros integrado que liga todos os canais do sector dos seguros. Trata-se de uma solução de seguros revolucionária que pode facilitar o processamento e os serviços online aos parceiros de seguros, agentes e clientes através da Internet. Para além de permitir ecrãs Web com a marca do distribuidor, com o seu próprio logótipo e cores, a Nice e-Insurance também efectua o controlo de acesso de um utilizador ou grupo de utilizadores à carteira de clientes no sistema Nice. Normalmente, só será atribuído a um distribuidor o acesso aos seus próprios clientes. Ao mesmo tempo, o acesso aos produtos que um distribuidor pode cotar e vender é regulado, estando esta funcionalidade disponível para todos os utilizadores registados na Nice e-Insurance, tal como sugerido por (Nice, 2010).

Atualmente, os clientes que subscrevem apólices ou fazem pedidos de indemnização não são actualizados através dos seus telemóveis.

Ao contrário de (Nice, 2010), este sistema facilitará o processamento e os serviços em linha para os agentes de seguros e os clientes através da Internet. No entanto, o sistema também terá uma funcionalidade móvel que permitirá aos clientes obter feedback nos seus telemóveis.

2.5.2 UAP

É um interveniente no sector dos seguros baseados no telefone e criou um produto chamado Salamasure. A cobertura Salamasure tem três opções, a Standard, que inclui várias coberturas de seguro de diferentes limites. O limite de cobertura é o que o segurado ou o beneficiário receberia em caso de invalidez permanente total ou de perda de vida. O serviço está disponível 24 horas por dia, sete dias por semana e cobre toda a transação com o cliente, do início ao fim. Os clientes registam-se, pagam e comunicam os seus sinistros através do seu telefone, onde o comprador é convidado a fornecer o número do seu bilhete de identidade e o número de identificação do beneficiário. Não há formulários a preencher para se inscrever e o prémio é então pago mensalmente através do M-Pesa nas linhas de telemóvel da safari com. O sucesso destas transacções móveis é suscetível de contribuir para um ambiente de plataformas avançadas de seguros móveis, de acordo com um relatório (UAP, 2011).

Em contraste com este relatório (UAP, 2011), este sistema funcionará em várias plataformas, incluindo computadores pessoais e dispositivos móveis com acesso à Internet e estará disponível para todas as redes móveis no Uganda. O sistema será baseado na Web com uma notificação móvel.

2.5.3 Tecnologia GoDB

É uma empresa líder em produtos de software especializada em soluções de mobilidade empresarial, anunciou recentemente o desenvolvimento de um ponto de venda móvel de seguros (M-
POS) para a Reliance General Insurance (RGICL), uma das principais companhias de seguros gerais privadas da Índia. A aplicação M-POS está atualmente a ser implementada em dispositivos Android e é alimentada pela plataforma GoDB Mobility, que já está implementada nos sistemas POS offline baseados em PC existentes na RGICL em todo o país. A plataforma de mobilidade é uma plataforma de aplicação empresarial móvel (MEAP) de última geração, que equipa os agentes de seguros afiliados à RGICL com M-POS para vender apólices diretamente à porta do cliente. A aplicação GoDB M-POS é um primeiro sistema de emissão de apólices da indústria que funciona em smartphones e tablets Android. Isto ajuda o nosso pessoal de vendas a emitir cotações, apólices, acompanhar os seus contactos e renovações sem qualquer necessidade de apoio de uma sucursal. O modelo pode ser dimensionado para acomodar vários produtos e aumentar a penetração de seguros em áreas onde pode não ser financeiramente viável construir uma presença de tijolo e argamassa. O novo sistema M-POS também permitiria à equipa de vendas da RGICL e a agentes terceiros gerar cotações instantâneas e notas de cobertura para uma apólice. Esta nota de cobertura é enviada por correio eletrónico e está disponível em linha para impressão. Na fase atual, a RGICL já permitiu a subscrição de produtos para veículos de quatro rodas e para automóveis, sendo a apólice final emitida no momento da liquidação do cheque, de acordo com (Indiainfoline,2012).

Para desenvolver o sistema acima referido, foram utilizadas várias aplicações de software diferentes, como MEAP, M-POS, que não estão disponíveis porque são dispendiosas e o orçamento é limitado. Para reduzir os custos, este sistema utilizou aplicações simples como PHP, java script e um servidor Wamp gratuito e o sistema está prontamente disponível em linha para ser utilizado pelos clientes.

2.5.4 C-SAM

Fornece uma plataforma de transação móvel (MTP) única e patenteada que permite às companhias de seguros oferecer seguros móveis de forma eletrónica, sem fios e segura aos seus clientes e agentes através do telemóvel. Enquanto o titular da apólice tem a facilidade de efetuar pagamentos de prémios a qualquer momento, os agentes têm a possibilidade de transmitir os pormenores da apólice durante a chamada de vendas, o que conduz a uma melhoria global dos níveis de serviço ao cliente. O MTP consiste numa aplicação móvel descarregável One Wallet para consumidores e agentes e num sistema backend inteligente Wallet Service Centre que estabelece interfaces seguras com os sistemas backend das companhias de seguros. Os consumidores e os agentes têm acesso a uma série de funções de seguros móveis que vão desde a visualização de simples detalhes da apólice até transacções financeiras complexas, como o pagamento de prémios, etc. De facto, todas as transacções de seguros dos consumidores que podem ser realizadas através do sítio Web podem ser realizadas a partir do telemóvel utilizando o MTP da C-SAM. A plataforma de nível de operador da C-SAM evoluiu através de uma extensa investigação e desenvolvimento ao longo dos últimos treze anos, para a qual foram emitidas onze patentes e estão pendentes vinte aplicações. A plataforma suporta diferentes ambientes de aparelhos e redes de operadores móveis, bem como transacções de proximidade seguras baseadas em Near-Field-Communication (NFC) através de telemóveis para aplicações de pagamento e não pagamento. A arquitetura de segurança única da C-SAM permite que os fornecedores configurem diferentes modelos de confiança e agreguem eficazmente aplicações de domínios diferentes sem afetar negativamente as suas práticas de gestão de riscos existentes. As soluções agnósticas de dispositivos e redes da plataforma, com suporte para várias plataformas e canais de dispositivos móveis, suporte para publicidade baseada em pesquisas e transacções, cupões e promoções personalizados e integração de conteúdos abertos de terceiros, juntamente com ferramentas de desenvolvimento e APIs para desenvolver e lançar rapidamente serviços adicionais, proporcionam ao cliente a vantagem competitiva necessária. O MTP consiste numa solução "chave na mão", que inclui o produto, a integração do sistema, a formação e a manutenção. A C-SAM configura e marca o MTP de acordo com os requisitos da companhia de seguros e desenvolve as interfaces seguras necessárias com os seus sistemas back-end. O MTP pode ser escalado para oferecer outros serviços de pagamento e de valor acrescentado. A C-SAM dá apoio a vários modelos de implementação, incluindo OnSite, Hosted e ASP/SaaS. Além disso, a C-SAM fornece suporte técnico de nível II e III e tem a opção de integrar o MTP com os portais de auto-atendimento das companhias de seguros. Suporte da plataforma para múltiplos modelos de negócio baseados em utilizadores e transacções, para construir o ecossistema necessário de fornecedores de serviços e parceiros, para oferecer aos assinantes um vasto leque de serviços transaccionais seguros nos seus telemóveis, de acordo com (C-Sam, 2012).

ARQUITECTURA DA PLATAFORMA C-SAM

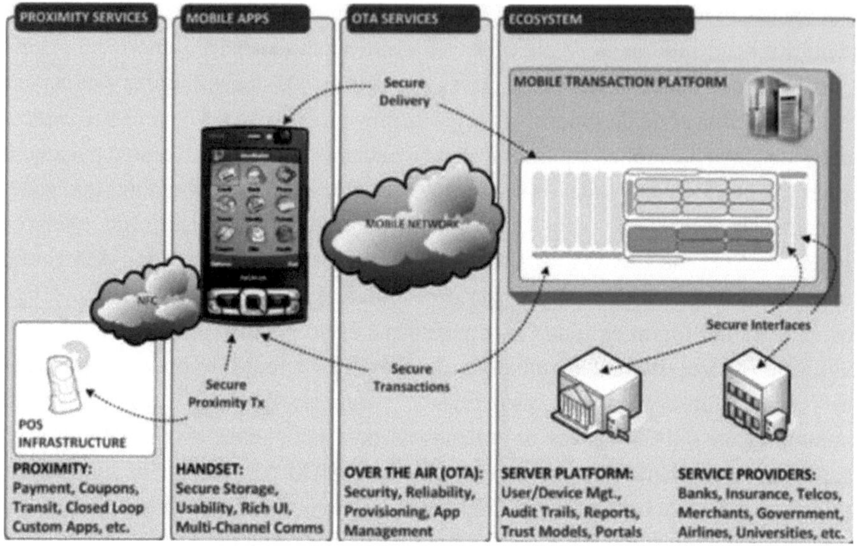

Obtido em: c-sam.com/platform/architecture

O sistema em linha de registo de apólices de seguro e de pedidos de indemnização tem o mesmo conceito que o C-SAM, caracterizando-se também por uma caraterística de segurança única para controlar o acesso à informação. No entanto, ao contrário do sistema existente, o sistema proposto é baseado na Web e, para minimizar os custos, não serão utilizadas aplicações como a One Wallet e um sistema de backend inteligente como o Wallet Service Centre, devido a fundos limitados, o que torna a sua implementação relativamente mais barata.

2.6 Conclusão

Os recentes avanços nas tecnologias da informação estão a mudar o negócio dos seguros no Uganda; por isso, este estudo explorou mais sobre a forma como as TI podem ser alinhadas na prestação de serviços de seguros no Uganda, para uma prestação de serviços mais eficiente e eficaz.

CAPÍTULO 3

METODOLOGIA

3.0 Introdução

Este capítulo examina as medidas tomadas para atingir os objectivos desta investigação. Aborda os métodos de investigação, a população estudada e os métodos de recolha utilizados para recolher e analisar os dados, conceber, implementar, testar e validar o sistema.

3.1 Método de investigação

Foi utilizada uma combinação mista de métodos de investigação para a recolha de dados e a validação do sistema. Uma abordagem de métodos mistos envolve a recolha ou análise de dados quantitativos e qualitativos num único estudo (Borrego, 2009). A investigação qualitativa consiste em explorar questões, compreender fenómenos e responder a perguntas de modo a obter uma visão das atitudes, comportamentos, sistemas de valores, preocupações, motivações, aspirações, cultura ou estilos de vida das pessoas. O método quantitativo é um estudo experimental sistemático dos fenómenos sociais através de técnicas estatísticas, matemáticas ou computacionais (Tewksbury, 2009). A investigação quantitativa complementa o método de investigação qualitativa porque a investigação qualitativa é geralmente melhor para explorar, compreender e descobrir, enquanto a investigação quantitativa é geralmente melhor para confirmar e clarificar os resultados da investigação qualitativa. Foi utilizada uma combinação mista de métodos de investigação porque reúne as vantagens das abordagens qualitativas e quantitativas da investigação.

3.2 Conceção da investigação

A conceção de um estudo é o processo que orienta os investigadores sobre a forma de recolher, analisar e interpretar as observações (Getu, 2006). Esta secção descreve a estrutura concetual ou o tipo de conceção da investigação que foi utilizada para levar a cabo esta investigação. Os estudos transversais foram utilizados nesta investigação para estimar e estabelecer a prevalência do resultado de interesse para a população da investigação. Desta forma, os estudos transversais forneceram um retrato instantâneo do resultado e das caraterísticas a ele associadas neste estudo.

3.3 Tamanho da amostra

A população da qual foi retirada a amostra inclui clientes da National Insurance Corporation Uganda em distritos urbanos, rurais e rurais-urbanos do Uganda. Os membros do pessoal da National Insurance Corporation, tanto o pessoal informático como o pessoal não informático, também participaram no estudo.

Para qualquer investigação, a dimensão da amostra de qualquer estudo deve ser determinada durante a fase de conceção do estudo. No entanto, antes de determinar a dimensão da amostra que deve ser retirada da população, devem ser tidos em conta alguns factores. Segundo Salant e Dillman (1994), a dimensão da amostra é determinada por quatro factores: a quantidade de erro de amostragem que pode ser tolerada, a dimensão da população, a variedade da população no que diz respeito às caraterísticas de interesse e o subgrupo mais pequeno da amostra para o qual são necessárias estimativas.

Utilizando os métodos acima referidos como orientação, a secção seguinte tem por objetivo comparar duas abordagens para determinar a dimensão da amostra de uma população de 500 pessoas para a recolha de requisitos para o desenvolvimento deste sistema em linha de registo de apólices de seguro e de pedidos de indemnização entre os clientes e o pessoal do NIC, utilizando o método de Krejcie e Morgan (1970) e a análise do poder estatístico de Cohen. Neste relatório, gostaria de explicar o método de Krejcie e Morgan da seguinte forma:

A estimativa da dimensão da amostra na investigação utilizando Krejcie e Morgan é um método habitualmente utilizado. Krejcie e Morgan (1970) utilizaram a seguinte fórmula para determinar a dimensão da amostra:

$S = X2NP(1-P)/ d^2 (N-1) + X^2 P(1-P)$

S = dimensão da amostra necessária

X2 = o valor de tabela do qui-quadrado para um grau de liberdade ao nível de confiança desejado

N = o tamanho da população

P = a proporção da população (assumida como 0,50, uma vez que esta seria a dimensão máxima da amostra)

d = o grau de exatidão expresso como uma proporção (.05)

Com base na tabela de Krejcie e Morgan (1970) para determinar o tamanho da amostra, para esta população de 140 clientes e funcionários do NIC, seria necessário um tamanho de amostra de 103 para representar uma secção transversal da população. No entanto, é importante que o investigador considere se a dimensão da amostra é adequada para fornecer precisão suficiente para basear decisões nos resultados com confiança. Por conseguinte, a fim de determinar se a dimensão da amostra recomendada por Krejcie e Morgan (1970) é suficiente, a estimativa da dimensão da amostra foi estabelecida utilizando a análise do poder estatístico de Cohen (1988).

Fonte: *Dados primários.*

3.3.1 Conceção da amostra

De acordo com Getu (2006), a amostragem envolve a seleção de um número de unidades de estudo a partir de uma população de estudo definida. A técnica de amostragem utilizada para selecionar clientes para participarem no estudo é a amostragem não probabilística, porque a dimensão da população não é conhecida. A amostragem não probabilística envolve a seleção aleatória dos participantes para garantir que cada unidade da amostra é escolhida com base no acaso (Getu, 2006). No âmbito da amostragem não probabilística, foi utilizado o método de amostragem intencional. Na amostragem intencional, as decisões relativas aos indivíduos a incluir na amostra foram tomadas pelo investigador, com base numa variedade de critérios que podem incluir a vontade de participar na investigação.

3.4 Técnicas de recolha de dados

Isto inclui uma técnica específica que foi utilizada para a recolha de dados. Esta técnica inclui entrevistas presenciais, questionários, observação e revisão da literatura relevante. Segue-se uma explicação do que cada método envolve e como foi utilizado.

3.4.1 Entrevistas

Foram efectuadas entrevistas individuais com os gestores de sistemas e de TI da empresa, a fim de obter mais informações sobre o funcionamento do sistema existente no NIC, os seus pontos fortes, os seus pontos fracos e os seus desafios, bem como sobre o que pretendem que o novo sistema faça. O investigador entrevistou alguns dos clientes actuais e potenciais da empresa. As perguntas da entrevista eram abertas, a fim de obter informações diretas e pormenorizadas dos entrevistados. No final deste processo, o investigador obteve uma visão clara dos requisitos do sistema e dos utilizadores do sistema.

3.4.2 Questionários

Foram distribuídos alguns questionários ao pessoal do NIC, ou seja, aos gestores de TI, de sistemas e de subscrição. Foram também distribuídos alguns questionários a alguns dos clientes actuais e potenciais do NIC. As perguntas eram fechadas e abertas e, com base nelas, o investigador ficou a conhecer os pontos fortes, os pontos fracos e os desafios com que se deparavam ao utilizar o sistema manual, tendo também uma visão clara do que o sistema em linha de registo de apólices de seguro e de pedidos de indemnização poderia fazer.

3.4.3 Observação

O investigador teve a oportunidade de visitar a sucursal do NIC em Kampala durante vários dias, onde observou o fluxo do sistema existente e os procedimentos pelos quais passam os clientes que pretendem adquirir serviços de seguros da empresa. Esta deslocação foi de grande ajuda para compreender e determinar os requisitos do novo sistema.

3.5 Processamento e análise de dados

Durante a recolha de dados, os dados captados foram estudados, editados e comparados para eliminar quaisquer inconsistências que os tornassem úteis para o investigador. Isto envolveu a procura de eventos-chave que ajudaram a derivar as actividades principais, os padrões de comportamento e o teste das fontes de dados entre si. Em seguida, foi necessário comunicar os resultados de uma forma convincente e honesta para um trabalho rigoroso. O investigador utilizou uma abordagem de métodos mistos que envolve a recolha ou análise de dados quantitativos e qualitativos sobre os dados recolhidos para os transformar em dados úteis.

3.6 Análise e conceção de sistemas

Os diagramas entidade-relacionamento (ERD) foram utilizados para a modelação de dados e os diagramas de fluxo de dados (DFD) foram utilizados para o estudo do processo. Os diagramas ERD foram utilizados para identificar e modelar as relações entre as entidades. Os DFD, por outro lado, foram utilizados para mostrar o fluxo lógico de dados e a representação gráfica dos componentes, processos e interfaces do sistema.

CAPÍTULO 4

ESTUDO, ANÁLISE E CONCEPÇÃO DE SISTEMAS

Este capítulo descreve a análise e a conceção do novo sistema para o NIC e identifica igualmente os pontos fracos e fortes do sistema existente, os utilizadores e os requisitos do sistema.

4.1 Estudo do sistema

Realizei o estudo na National Insurance Corporation (NIC) para me ajudar a compreender e analisar o sistema de seguros existente e, ao fazê-lo, consegui identificar todas as suas lacunas.

4.1.1 Sistema atual do NIC

O sistema atual era menos pormenorizado, com informações mínimas apresentadas aos clientes sobre os seguros. Um cliente não registado que pretenda subscrever um seguro tem de se dirigir à companhia de seguros para receber informações sobre o seguro. A companhia de seguros explica as apólices aos potenciais clientes e fornece um folheto de seguro que explica melhor as coberturas do seguro. O cliente interessado tem então de preencher um formulário de pedido de apólice de seguro. O sistema de armazenamento é uma base de dados manual baseada em ficheiros.

Quando um cliente solicita a subscrição de uma apólice de seguro de imóveis, um agente de seguros deve elaborar um relatório de avaliação após uma investigação exaustiva do imóvel. O relatório de avaliação é guardado no dossier do cliente. Para os clientes que subscrevem um seguro de saúde, cada cliente é obrigado a deslocar-se aos serviços médicos da companhia de seguros para efetuar um exame geral. Estes exames são depois enviados à companhia de seguros para controlo. Por fim, cabe à companhia fornecer uma apólice de seguro de acordo com o relatório de avaliação e outros documentos e informações justificáveis fornecidos pelo cliente.

Para o cliente registado na companhia de seguros, o pessoal verifica os seus processos, o que demora muito tempo. O processo é apresentado para verificação da situação, por exemplo, para verificar se os prémios anteriores foram pagos, quais os sinistros pendentes, entre outros, e vice-versa.

Figura 1. Sistema atual no NIC

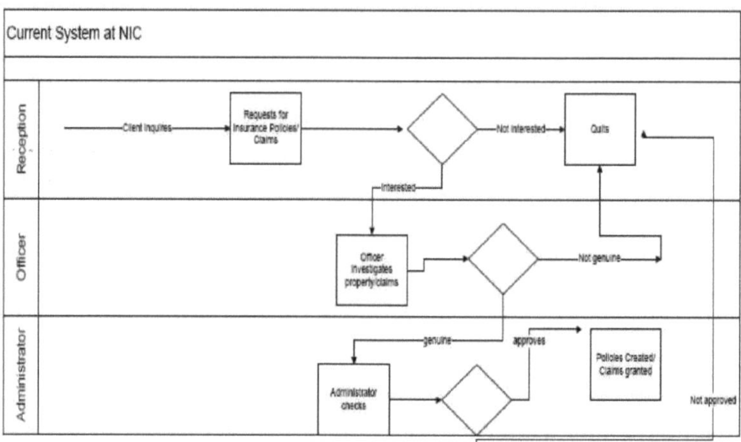

4.1.2 Pontos fracos do sistema atual

De acordo com as investigações iniciais efectuadas pelo investigador, foram identificados os seguintes pontos fracos no sistema existente;

Os formulários manuais eram utilizados para obter apólices de seguro, o que implicava uma grande quantidade de papelada. Havia tendência para a redundância de dados devido à repetição e, por vezes, tornava-se muito difícil manter o registo de documentos e informações. Foram fornecidas poucas informações sobre as apólices de seguro do NIC. A segurança, o elemento mais importante, estava até certo ponto ameaçada, uma vez que os dados eram armazenados em arquivos que podiam ser acedidos por qualquer pessoa, mesmo por pessoas não autorizadas. O sistema caracterizava-se por erros, especialmente na introdução de dados, e esses erros não eram fáceis de detetar e corrigir, o que levava a interpretações erradas da informação. Verificava-se uma inconsistência dos dados, especialmente quando estes eram extraviados durante o preenchimento manual. Os dados recolhidos junto dos clientes eram armazenados em armários de arquivo em papel, o que ocupava muito espaço. À medida que o volume de trabalho em papel aumentava, os armários de arquivo também aumentavam, o que ocupava muito espaço no escritório.

4.1.3 Solidez do sistema atual

De acordo com o estudo efectuado pelo investigador, foram identificados os seguintes pontos fortes no sistema existente;

O sistema é simples e fácil de utilizar, uma vez que não requer quaisquer competências especiais. Os documentos em papel ou os resultados podem ser conservados durante muito tempo. O sistema exige que os clientes interajam com o pessoal do NIC cara a cara, o que ajuda a criar uma relação mais forte.

4.2 Análise do sistema

Esta secção abrange a apresentação, a análise e a discussão dos resultados. A informação recolhida através de questionários, entrevistas com informadores-chave e observação é integrada para dar uma visão global da situação em estudo.

Género dos inquiridos

A fim de recolher dados equilibrados em termos de género, o estudo selecionou propositadamente inquiridos de ambos os sexos aquando da amostragem. Os inquiridos foram classificados como homens ou mulheres, conforme indicado no quadro seguinte.

Quadro 1: que mostra o género dos inquiridos

RESPOSTA	FREQUÊNCIA (F)	PERCENTAGEM (%)
Masculino	59	59%
Feminino	41	41%
Total	**100**	**100.0**

Fonte: *dados primários*

Do quadro 1 acima, a maioria (59%) dos inquiridos era do sexo masculino e (41%) do sexo feminino.

Idade dos inquiridos

O estudo procurou determinar a idade dos inquiridos para determinar a faixa etária das pessoas envolvidas na oferta de serviços de seguros da NIC. Os inquiridos indicaram as suas idades em anos e foram agrupados em seis categorias: (<24) anos, (25-34) anos, (3544) anos, 45-54 anos, 55-65 anos e 65 anos ou mais, como indicado no quadro abaixo.

Quadro 2: mostra a distribuição etária dos inquiridos

IDADE	FREQUÊNCIA (F)	PERCENTAGEM (%)
<24	11	11%
25-34	26	26%
35-44	22	22%
45-54	22	22%
55-65	14	14%
65 anos ou mais	5	5%

Total	100	100.0

Fonte: ***dados primários***

Da tabela acima, a maioria (26%) dos inquiridos tinha entre 25-34 anos de idade, os grupos etários de 35-44 e 45-54 tinham (22%) dos inquiridos cada um, havia (11%) inquiridos que eram <24 anos, o grupo etário 55-65 tinha 14% dos inquiridos e havia poucos inquiridos 5% que tinham 65 anos ou mais. Isso implica que a maioria das pessoas envolvidas com os serviços de seguro do NIC está na faixa etária de 25 a 34 anos de idade

Relação dos inquiridos com o NIC

O investigador estava interessado na relação dos inquiridos com o NIC e as respostas são as seguintes

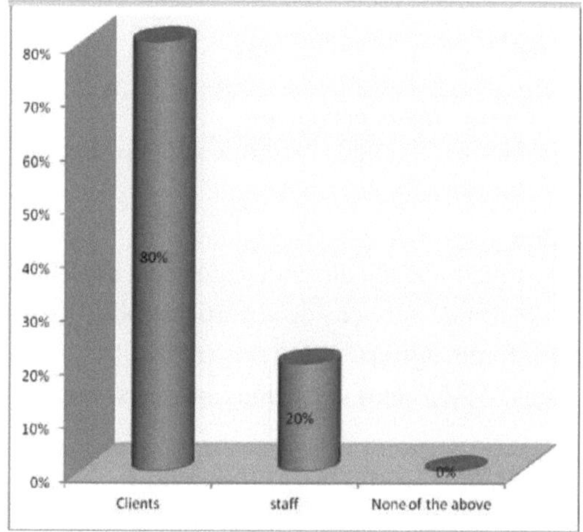

Figura 2: mostra a relação entre o CNI e os inquiridos

Da figura 2 acima, (80%) dos inquiridos eram clientes e (20%) inquiridos eram funcionários, não havendo nenhum inquirido que não estivesse envolvido com a companhia de seguros NIC.

Como o NIC oferece serviços de seguros

O investigador estava interessado em saber como é que o NIC oferece atualmente serviços de seguros às pessoas. As respostas são as seguintes

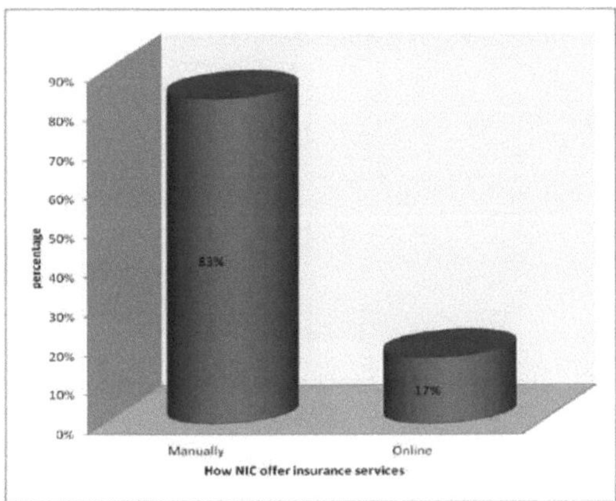

Figura 3: Como os NIC oferecem serviços de seguros

A partir da figura 3 acima, (83%) dos inquiridos disseram que a NIC oferece os seus serviços de seguros utilizando métodos manuais, em que os clientes se deslocam fisicamente aos seus escritórios para aceder aos serviços, (17%) dos inquiridos referiram que havia algum elemento de serviços em linha oferecidos pela companhia de seguros NIC aos seus clientes

Como são efectuados os pagamentos

As conclusões sobre a forma como é efectuado o pagamento na companhia de seguros NIC também foram consideradas e registadas e podem ser evidenciadas na figura seguinte

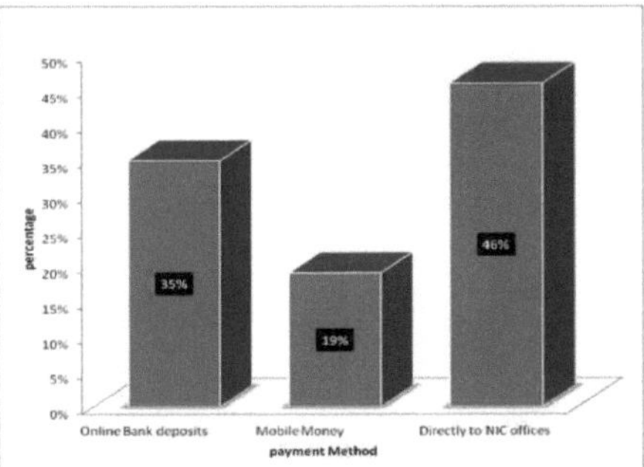

Figura 4: como o cliente efectua o pagamento dos serviços de seguros no NIC

A partir da figura 4 acima, (46%) do total de inquiridos disseram que os pagamentos são feitos diretamente nos escritórios do NIC, (35%) inquiridos disseram que os pagamentos são feitos através de depósitos bancários online e alguns inquiridos (19%) usam serviços de dinheiro móvel para fazer pagamentos à companhia de seguros NIC.

Como os clientes apresentam pedidos de indemnização ao NIC

O estudo procurou determinar a forma como os clientes apresentam os seus pedidos de indemnização ao NIC no Uganda.

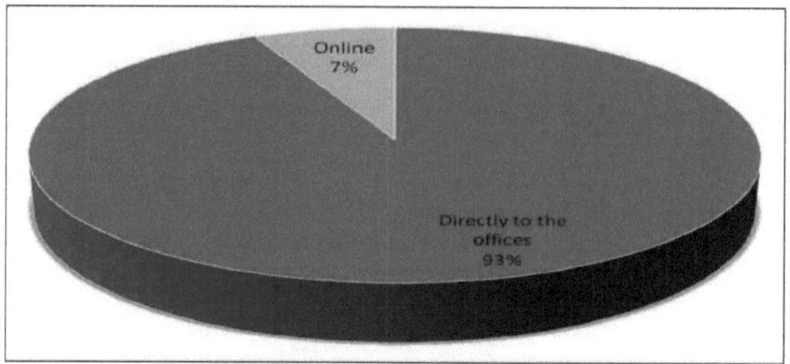

Figura 5: como os clientes apresentam os pedidos de indemnização de seguros ao NIC

Fonte: *dados primários*

De acordo com a figura 5 acima, a maioria dos inquiridos (93%) afirmou que os clientes apresentam os seus pedidos de indemnização de seguros ao NIC diretamente nos escritórios e apenas (7%) dos inquiridos utilizam serviços em linha, principalmente através da página Web de feedback e das contas nas redes sociais.

Como os clientes se registam e subscrevem apólices de seguro no NIC

As conclusões sobre a forma como os clientes se registam e subscrevem apólices de seguro no NIC também foram consideradas e podem ser evidenciadas no quadro seguinte

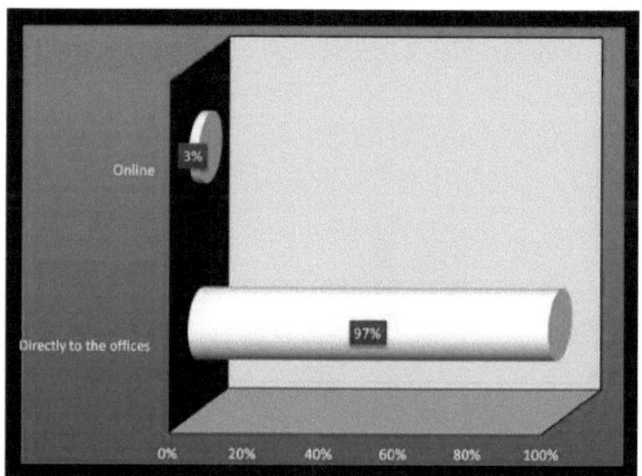

Figura 6: como os clientes se registam e subscrevem apólices de seguro no NIC

De acordo com a figura 6 acima, a maioria dos inquiridos (97%) disse que os clientes se registam e subscrevem apólices de seguro no NIC diretamente nos escritórios e apenas (3%) dos inquiridos disseram que utilizam serviços online

Tipo de alterações recomendadas pelos inquiridos

As conclusões sobre o tipo de mudanças recomendadas pelos inquiridos com base nos desafios que enfrentam também foram consideradas e registadas e podem ser evidenciadas no quadro seguinte

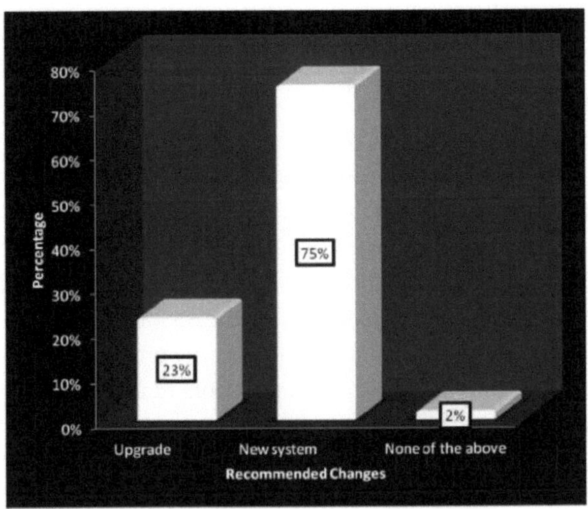

Figura 7: Alterações recomendadas

Do estudo, a maioria dos inquiridos (75%) disse que deviam simplesmente adquirir um novo sistema para a companhia de seguros NIC, (23%) recomendou que se actualizasse o sistema da NIC e apenas (2%) não recomendou a atualização ou um novo sistema.

4.3.1 Requisitos do utilizador

Trata-se de declarações em inglês corrente sobre os serviços que se espera que o novo sistema forneça aos utilizadores; seguem-se os requisitos do utilizador para o novo sistema;

Permitir que os clientes registados adquiram serviços de seguros de forma eficiente e eficaz. Fornecer uma interface convivial que seja fácil de utilizar por todos os clientes. Ser capaz de fornecer um processo de controlo e recuperação de erros ao utilizador em caso de erros na introdução de dados. O utilizador deve esperar resultados ou informações previsíveis do sistema após um determinado requisito. A informação deve ser coerente. Os utilizadores devem poder aceder ao sistema a qualquer momento para adquirir serviços de seguros, ou seja, o sistema deve ser altamente fiável durante a prestação de serviços de seguros.

4.3.2 Requisitos funcionais

Os requisitos funcionais descrevem as funções ou serviços que se espera que o sistema forneça ao seu utilizador final.

O sistema deve permitir que os clientes consultem informações sobre as apólices de seguro. O sistema deve permitir efetivamente a introdução, o processamento e o armazenamento de informações resultantes da interação dos utilizadores com o sistema. O sistema deve armazenar informações sobre os clientes e as suas apólices com confidencialidade. O administrador deve poder atualizar os registos dos utilizadores sempre que necessário. O administrador deve poder controlar o acesso dos utilizadores ao sistema. O sistema deve gerar relatórios sobre apólices de seguro, pagamentos e outras actividades para utilizadores autorizados. O sistema deve permitir que os clientes se candidatem a apólices de seguro em linha.

4.3.3 Requisitos não funcionais

Isto inclui restrições que devem ser respeitadas durante o desenvolvimento do sistema, por exemplo, custos operacionais, desempenho, fiabilidade e outros.

Usabilidade; refere-se à capacidade de utilizar o sistema com pouca formação e, neste caso, o sistema deve suportar utilizadores com diferentes níveis de experiência. Interoperabilidade; refere-se à capacidade de o sistema ou os seus componentes interagirem ou funcionarem com outros sistemas ou produtos. O sistema deve ser mantido e atualizado regularmente para garantir o bom funcionamento das actividades. Deve existir um plano de recuperação de desastres para garantir que o sistema volte a funcionar plenamente sem perda de dados em caso de desastre. O sistema requer uma ligação à Internet.

4.3.4 Requisitos do sistema

Para que o sistema funcione como esperado, são necessárias as seguintes especificações de hardware e software, segurança e funcionamento

Requisitos mínimos de hardware para o sistema em linha de registo de apólices de seguro e de pedidos de indemnização:

Tabela 3: Requisitos mínimos de hardware para o sistema

Hardware	Requisitos mínimos do sistema
Processador	Intel Pentium III ou superior para computadores de secretária
Memória	512 MB de RAM ou superior
Espaço no disco rígido	40 GB de espaço no disco rígido
Ecrã do monitor	1024 * 768 cor alta - recomendado 32 bits

Tabela 4: Requisitos mínimos de software para o sistema

Software	Requisitos mínimos do sistema
Sistema operativo	Windows 2000 ou Windows XP e Windows 2003 server enterprise edition, Linux ou Mackintosh

Servidor	Servidor Wamp
Navegador Web	Mozilla firefox 3.5 ou superior, Internet explorer 6
Base de dados	MYSQL
PHP	PHP o meu administrador

4.4 Conceção do sistema

Esta secção descreve a conceção do sistema, que inclui o diagrama de contexto, o DFD de nível um, o EERD, a arquitetura do sistema e a conceção da base de dados. Isto envolveu a forma como a função do sistema de registo e reclamação de apólices de seguro em linha foi realizada através da utilização das ferramentas acima mencionadas.

4.4.1 Modelação de processos

Na modelação de processos, foram modelados um diagrama de contexto (Figura 8) e o DFD de nível 1 (Figura 8). O diagrama de contexto mostra o contexto geral do sistema e

como interage com as entidades externas, enquanto o DFD de nível 1 mostra os principais subprocessos identificados no sistema. Os dados obtidos a partir do DFD e do diagrama de contexto são utilizados coletivamente para produzir o dicionário de dados.

4.4.1.1 Diagrama de contexto para o sistema de registo e reclamação de apólices de seguro em linha.

O diagrama de contexto que se segue é uma panorâmica do sistema que mostra os limites do sistema, as entidades externas que interagem com o sistema e os principais fluxos de informação entre as entidades e o sistema. Descreve o sistema em estudo na sua relação com outros sistemas, a empresa e o mundo exterior, ou seja, as interfaces que fluem de e para as entidades externas. Tem fluxos de dados, entidades externas, um processo (o sistema em foco) e não tem armazéns de dados

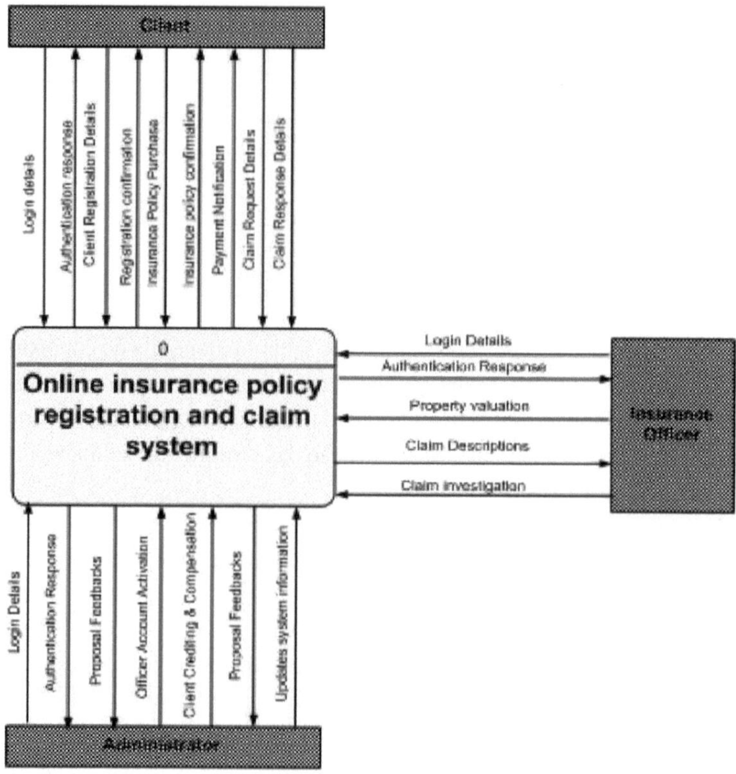

Figura 8: diagrama de contexto do sistema de registo e reclamação de apólices de seguro em linha

ELEMENTOS DFD

Quadro 5: Elementos do diagrama de fluxo de dados

NOME	SÍMBOLO	DESCRIÇÃO
Processo		Isto retrata a transformação de fluxos de dados de entrada em fluxos de dados de saída em DFDs. Os fluxos de dados de entrada são processados ou transformados em fluxos de dados de saída.

Entidade externa		Está fora do contexto do sistema e pode ser qualquer classe de pessoas, organização ou outro sistema. A sua função é fornecer ou receber dados. É o originador ou o recetor de informações fora do âmbito do sistema representado no fluxo de dados.
Fluxo de dados		Mostra o movimento dos dados e é uma conduta que transporta os dados através do sistema. Estes mostram o movimento de dados entre processos, entidades externas e armazenamentos de dados num DFD.
Armazenamento de dados		Um repositório temporário/temporizado ao qual os processos podem adicionar dados ou obter dados.

4.4.1.3 DFD de nível 1 para o sistema de registo e reclamação de apólices de seguro em linha

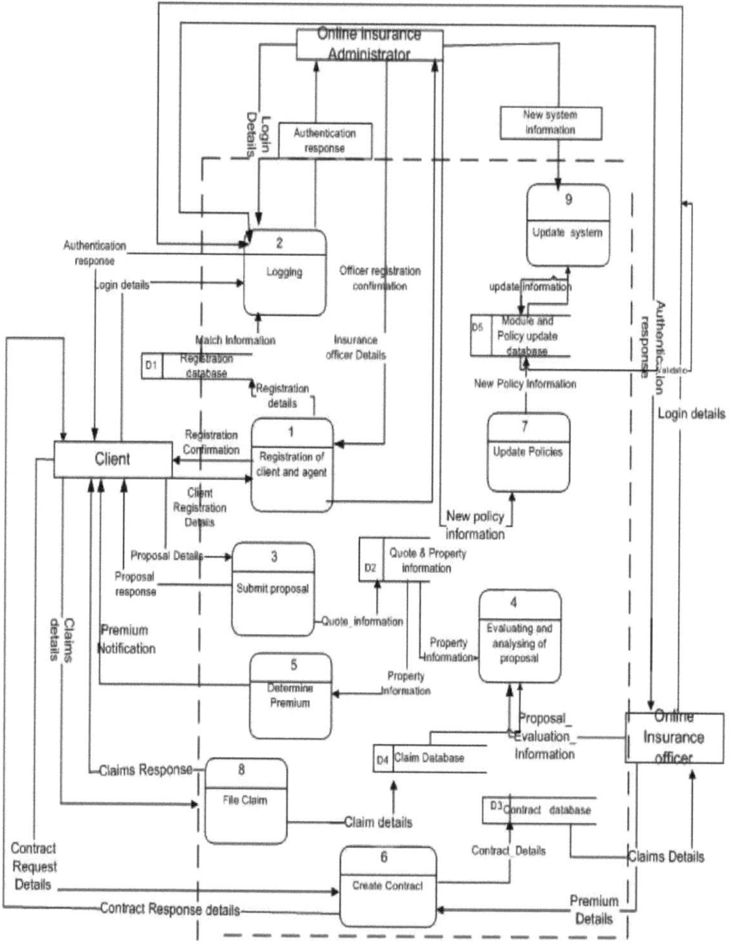

Figura 9: Diagrama DFD do nível 0 do sistema de registo e reclamação de seguros em linha da polícia

4.4.1.4 Detalhes simples do diagrama de fluxo

Fase 1 (Cliente):

O cliente inscreve-se numa conta; note que todas as contas registadas são clientes por defeito.

Ao iniciar a sessão, o cliente tem opções para efetuar, tais como

Apólices de seguro:	- Encomenda uma apólice de seguro e aguarda uma proposta do funcionário.

Cotação e facturas:	- Visualiza as cotações dos seguros propostos e fatura os seguros contratados.
As minhas propostas:	- Ver a situação do seu seguro, ou seja, se está avaliado, pendente, à espera da avaliação do agente ou contratado.
Estado da minha conta:	- Visualiza o montante em conta, como débito e crédito.
As minhas reivindicações:	- Ver o estado do seu pedido, por exemplo, se foi aceite, se está pendente ou se foi recusado, e o relatório de investigação do funcionário responsável.
Feedback:	- Escreve ao funcionário para pedir apoio e recebe a resposta do funcionário.
Editar conta:	- Edita as informações da conta.
Terminar sessão:	- Termina a sessão.

Fase 2 (Funcionário):

Se o administrador registar um funcionário, este tem as seguintes opções:

Clientes registados:	- Visualiza todos os clientes registados e respectivos detalhes
Propostas pendentes:	- Visualiza todas as propostas que aguardam avaliação.
Reclamações pendentes:	- Visualiza todas as reclamações pendentes nas propostas dos seus clientes.
Feedback do cliente:	- Vê todas as mensagens de feedback dos seus clientes para obter apoio.

Editar conta:	- Editar detalhes da conta.
Terminar sessão:	- Termina a sessão.

Fase 3 (Administrador):

O administrador monitoriza todos os processos entre o cliente e os agentes, tendo as seguintes opções:

Clientes registados:	- Visualiza e elimina todos os dados de clientes registados.
Agentes registados:	- Adicione e actualize contas de agentes a partir daqui.
Propostas de seguros:	- Visualiza todas as propostas, tais como Secção das pendentes, avaliadas e contratadas, bem como os respectivos agentes.
Reclamações recebidas:	- Verifica todas as reclamações de cada cliente e dos seus agentes.
Vendas de apólices:	- Visualiza todas as vendas de todos os clientes contratados e efectua o crédito "no caso de uma apólice ser paga" e o débito "no caso de um sinistro apresentado".
Feedback:	- Vê e escreve aos funcionários.
Gerir artigos:	- Edita as apólices de seguro a partir daqui.
Editar conta:	- Editar detalhes da conta.
Terminar sessão:	- Termina a sessão.

1.1.1 Descrição do DFD de nível 1

Os quadros seguintes apresentam as descrições de todos os objectos de conceção que o investigador utilizou no desenvolvimento do sistema. Incluem processos, fluxos de dados, armazéns de dados e entidades externas envolvidas no sistema.

1.1.1.1 Descrição do dicionário de dados de processos

Tabela 6: ***Dicionário de dados de processos***

Nome do processo	Descrição
Registo	O processo confirma a identidade de um cliente, de um agente de seguros e de um administrador antes de lhe conceder acesso a informações pormenorizadas sobre os sítios.
Registo do cliente e do agente	Captura informações sobre o cliente e o agente encaminha-as para a base de dados de registo.
Apresentar proposta	O processo trata os detalhes das propostas apresentadas pelos clientes registados.
Avaliação e análise da proposta	Permite ao responsável pelos seguros visualizar os pormenores das propostas dos clientes.
	O processo é efectuado através da análise das propostas apresentadas.
Determinar o prémio	Calcula e determina o prémio necessário para uma proposta.
Criar contrato	Estabelecer um contrato entre a companhia de seguros e o cliente segurado.
Atualizar políticas	Atualizar as informações sobre as políticas em caso de alterações.
Atualizar o sistema	O processo actualiza as informações fornecidas pelo administrador

1.1.1.2 Descrição para as entidades

Quadro 7: Dicionário de dados de entidades

Nome da entidade	Descrição

Administrador	Monitoriza, mantém, faz cópias de segurança e actualiza o sistema em linha de registo de apólices de seguros e de pedidos de indemnização.
Cliente	Procura apólices de seguro, apresenta pedidos de apólices de seguro e paga prémios de seguro, pode editar a sua própria conta, apresentar pedidos de indemnização e enviar mensagens para obter feedback.
Responsável pelos seguros	Cria apólices de seguro, acompanha os clientes e dá apoio aos seguros, controla o pagamento dos prémios e investiga os sinistros.

1.1.1.3 Descrição para Armazéns de dados

Quadro 8: Dicionário de dados para os depósitos de dados

Nome do armazenamento de dados	**Descrição**
Base de dados de registo	Armazena informações sobre clientes registados e agentes de seguros.
Base de dados de propriedades	Armazena as informações de cotação enviadas.
Política e atualização da base de dados	Armazena informações actualizadas sobre as políticas e as novas informações sugeridas pelo administrador para o sítio.
Dados do contrato Base de dados	Armazena os pormenores de todos os contratos estabelecidos entre a empresa e os clientes.

1.1.2 Arquitetura do sistema

2 Isto dá uma visão detalhada do sistema desenvolvido com os seus principais componentes e serviços que fornecem e como comunicam, como se mostra na figura abaixo. O sistema é implementado utilizando uma arquitetura de três níveis que inclui a interface do utilizador, a gestão de processos e o SGBD, como se mostra no diagrama abaixo. Esta estrutura garante que a interação dos utilizadores com o sistema é independente da consideração do armazenamento.

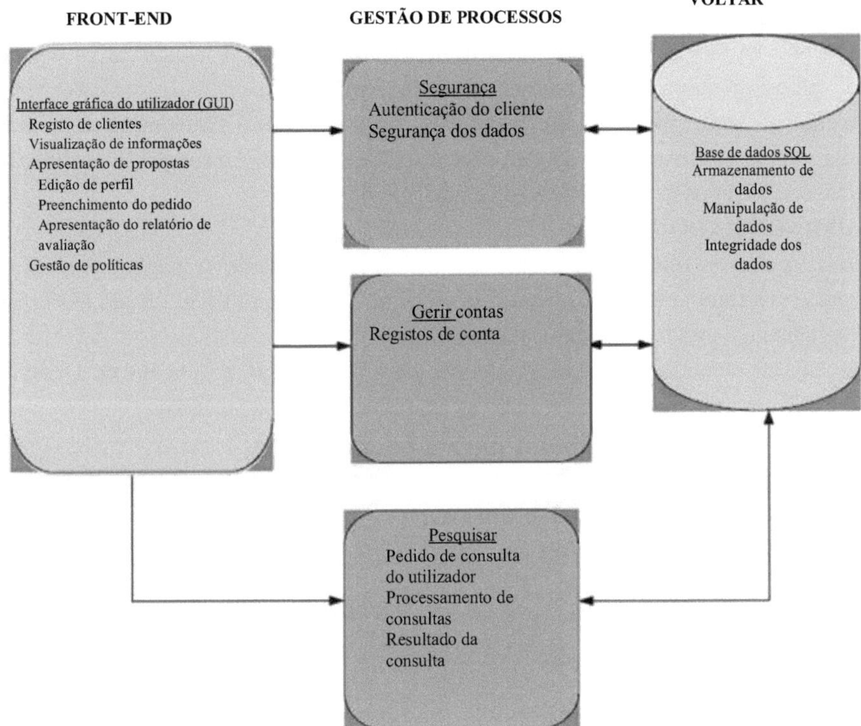

Figura 10: arquitetura do sistema mostrando uma visão detalhada do sistema desenvolvido.

4.6 Modelação de dados

A partir das informações obtidas no dicionário de dados, foi construído um modelo de dados. Para tal, foram identificados os requisitos de dados para o sistema de registo e reclamação de apólices de seguro em linha, bem como as entidades e os seus atributos. do sistema e as relações entre essas entidades. A partir daí foi obtido o ERD.

4.6.1 Requisitos de dados

Seguem-se os requisitos de dados em que se baseou para obter entidades para a base de dados do sistema.

CLIENTE

As encomendas de apólices de seguro cujos bens são registados na tabela PROPERTY, os detalhes do seguro, como a cobertura1, a cobertura2 e a cobertura3, são introduzidos na tabela PTTY_PROPERTY com o estado *pendente*, por exemplo, à espera da avaliação do funcionário.

Também apresenta um pedido de indemnização que é registado na tabela de pedidos de indemnização e aguarda a investigação do funcionário.

FUNCIONÁRIO

inicia sessão e escreve um relatório de avaliação do seguro do cliente, então o campo de estado na tabela PPTY_PROPOSAL é atualizado para "avaliado" e os campos est_value e premium_values também são actualizados.

Quando o cliente apresenta um pedido de indemnização, o funcionário continua a redigir um relatório de investigação sobre o pedido do cliente e o campo "Investigação" na tabela "Pedidos de indemnização" é atualizado.

ADMINISTRADOR

Inicia sessão e verifica as propostas avaliadas e aguarda o pagamento; se os pagamentos forem efectuados, actualiza o campo Estado em PPTY_PROPOSAL para Contratado e o estado do pagamento para Pago.

Em seguida, actualiza também os campos da tabela POLICY_SALES de DEBIT e CREDIT com os valores das estimativas avaliadas pelos funcionários.

4.6.2 Dicionário de dados para a base de dados

É constituído por quadros que descrevem as entidades da base de dados deste sistema, bem como os campos correspondentes.

Quadro 9: A tabela de clientes

Nome do campo	Tipo de dados	Tamanho	Restrição
Cliente_id	Int	11	Primary key, not null, auto_increment
Título	Varchar	50	Não nulo
Nome	Varchar	100	Não nulo
Endereço	Varchar	100	Não nulo
Cidade	Varchar	100	Não nulo
País	Varchar	100	Não nulo
Correio	Varchar	100	Não nulo

Telefone	Varchar	100	Não nulo
Correio eletrónico	Varchar	100	Não nulo
Palavra-passe	Varchar	100	Não nulo
tipo_de_id	Varchar	100	Não nulo
Identidade	Varchar	100	Não nulo
Previledge	Int	11	Não nulo
Policy_id	Int	11	Não nulo, política de referenciação de chave estrangeira
Sales_id	Int	11	Não nulo, chave estrangeira que faz referência a policy_sales

Quadro 10: Quadro da proposta relativa aos bens imóveis

Nome do campo	**Tipo de dados**	**Tamanho**	**Restrição**
identificação da proposta	Int	11	Não nulo auto_incremento, primária _chave
data_da_proposta	Data		Não nulo
Cliente_id	Int	11	Não nulo, chave estrangeira que faz referência ao cliente
ID do imóvel	Int	11	Não nulo, propriedade de referência de chave estrangeira

Capa1	Varchar	30	Não nulo
Capa2	Varchar	30	Não nulo
Capa3	Varchar	30	Não nulo
Estado	Varchar	100	Não nulo
Avaliação	Texto	100	Nulo
valor_est	Int	11	Não nulo
valor do prémio	Int	11	Não nulo
Método de pagamento	Varchar	100	
Status_do_pagamento	Varchar	30	
Período de cobertura	Varchar	100	

Quadro 11: Tabela de propriedades

Nome do campo	**Tipo de dados**	**Tamanho**	**Restrição**
id_propriedade	Int	11	Auto_increment, primary_key, not null
Imóveis	Varchar	60	Não nulo
id_cliente	Int	11	Não nulo, chave estrangeira que faz referência ao cliente

policy_id	Int	11	Não nulo, política de referenciação de chave estrangeira
tipo_de_propriedade	Varchar	100	Não nulo
Nome_modelo	Varchar	100	Não nulo
Addr_cc	Varchar	100	Não nulo
Ano	Varchar	100	Não nulo
outras notas	Varchar	100	Não nulo
Tel_licença	Varchar	100	Nulo
Prazo de validade	Data		Nulo

Quadro 12: O quadro político

Nome do campo	**Tipo de dados**	**Tamanho**	**Restrição**
ID da política	Int	11	Auto_increment, primary_key, not null
tipo de política	Varchar	100	Não nulo
Descrição	**Texto**		Não nulo
Mais_link	Varchar	100	Não nulo

Quadro 13: O quadro de mensagens

Nome do campo	**Tipo de dados**	**Tamanho**	**Restrição**
Messid	Int	11	Auto_increment, primary_key, not null
Fonte	Varchar	30	Não nulo

Cliente_id	Varchar	100	Não nulo, chave estrangeira que faz referência ao cliente
Destino	Varchar	100	Não nulo
título_da_mensagem	Varchar	200	Não nulo
corpo_da_mensagem	Texto		Nulo
Ler	Int	11	Não nulo
Data	Data		Não nulo

Quadro 14: O quadro "Reclamação

Nome do campo	**Tipo de dados**	**Taman ho**	**Restrição**
Chave de reclamação	Int	11	Auto_increment, primary_key, not null
Cliente_id	Int	11	Não nulo, chave estrangeira que faz referência ao cliente
id_proposta	Int	11	Não nulo
id_propriedade	Int	11	Não nulo
Detalhes do pedido	Texto		Não nulo
Investigação	Texto		Nulo
Recomendação	Texto		Nulo
Data_reclamação	Data		Não nulo

Quadro 15: O quadro de vendas da política

Nome do campo	Tipo de dados	Tamanho	Restrição
_sale_id	Int	11	Auto_incremento, chave primária não nula
Vendas_d	Data	11	Não nulo
Order_id	Int	11	Não nulo,
Débito	Int	11	Não nulo
Crédito	Varchar	100	Não nulo

4.6.4 Diagrama Entidade-Relacionamento melhorado

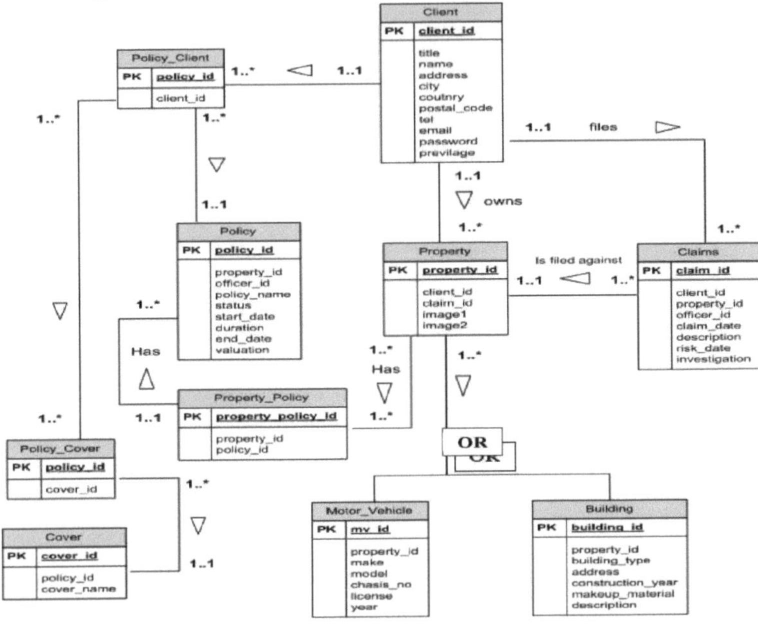

Figura 11: Diagrama Entidade-Relação do sistema de registo e reclamação de apólices de seguro em linha

4.7 Conclusão

Neste capítulo, o investigador utilizou uma série de métodos e ferramentas para ajudar a transformar os requisitos do utilizador em metodologias de conceção. O projeto de arquitetura descreve a disposição dos componentes do sistema. O diagrama de contexto apresenta uma visão geral do sistema, mostrando os limites do sistema, as entidades externas que interagem com o sistema e os principais fluxos de informação entre as entidades. O diagrama de fluxo de dados apresenta a descrição pormenorizada dos processos que ocorrem no sistema. A tabela descreve os elementos do DFD, como o fluxo de dados, a entidade, a entidade externa, os processos e o armazenamento de dados. Foram utilizados dicionários de dados para descrever os processos do sistema e os armazenamentos de dados. Finalmente, foi utilizado um desenho concetual para mostrar as diferentes entidades, atributos e respectivas descrições no sistema.

CAPÍTULO 5
IMPLEMENTAÇÃO E TESTE DO SISTEMA

5.1 Introdução

Neste capítulo, o investigador descreveu a implementação dos modelos de conceção do sistema e mostra os resultados gerados pelo sistema. Por conseguinte, foram apresentadas capturas de ecrã do sistema para mostrar como os resultados são apresentados quando o sistema recebe um comando.

5.2 Implementação do sistema

PHP

Foi utilizado para permitir a comunicação e a transferência de dados entre a base de dados e os utilizadores no front end (aplicação). É fácil de utilizar e tem uma interface de base de dados disponível para MySQL.

MySQL

Esta foi utilizada para construir a base de dados dos sistemas, uma vez que se integra facilmente com o PHP para ajudar a construir, depurar e operar operações multiutilizador.

HTML

Esta foi utilizada para conceber e desenvolver páginas do sistema e outras funcionalidades, como ligações a páginas, acesso a páginas, entre outras.

Java Script

Esta foi utilizada para criar páginas Web dinâmicas e interactivas para o novo sistema.

Servidor Wamp / Servidor Apache

Este é um pacote de servidor gratuito que utiliza o servidor apache. Quando instalado num sistema, inclui apache, mysql e PHP. Utilizei esta ferramenta para alojar as páginas Web localmente.

Folhas de estilo em cascata

Este foi utilizado para incorporar estilos nas páginas Web.

5.3 Teste e validação do sistema

Foi efectuado um teste ao sistema para eliminar todos os erros ou resolver qualquer ineficiência. Durante os testes unitários, cada componente do sistema foi testado individualmente com dados preparados. Todos os erros existentes foram registados e corrigidos.

A validação diz respeito à construção de um sistema correto que tenha em conta as necessidades do utilizador e é um processo de controlo de qualidade que estabelece provas de que o sistema cumpriu os requisitos exigidos.

5.4 Funções do sistema

Esta secção especifica as funções que o sistema fornece a todos os seus utilizadores e entidades externas. Apresenta as funções fornecidas pelo sistema ao cliente, ao administrador e ao agente de seguros.

5.4.1 Funções fornecidas ao cliente

O sistema permite a autenticação e a segurança do utilizador, solicitando o nome de utilizador e a palavra-passe. O sistema dispõe ainda de uma opção de recuperação da palavra-passe.

5.4.2 Funções disponibilizadas ao administrador

O sistema permite ao administrador efetuar a manutenção de rotina e a atualização do sistema. O administrador também garante que o sistema está sempre a funcionar em muito boas condições, monitorizando os registos do servidor para assegurar que os erros e as falhas de segurança são corrigidos a tempo através de planos de recuperação.

5.4.3 Funções atribuídas ao responsável pelos seguros

O sistema permite que o responsável pelos seguros veja o bom funcionamento de todas as actividades no sistema, configure e actualize as apólices de seguro para que os clientes sejam bem servidos e possa comunicar quaisquer problemas ao administrador do sistema.

5.5 Mapa do sistema

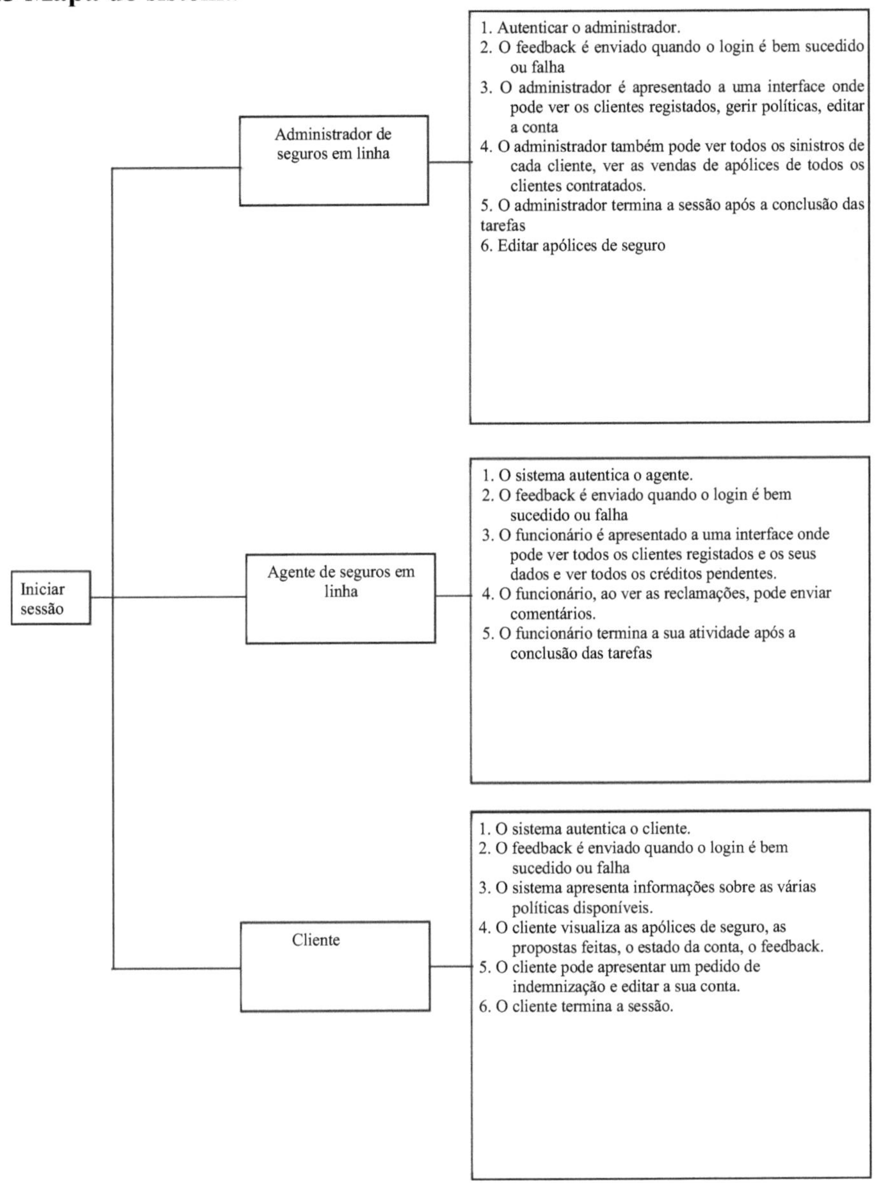

Figura 12: Apresentação do mapa do sistema

5.6 Exemplos de capturas de ecrã

5.6.1 A página de início de sessão

Figura 13: Página de início de sessão do sistema de registo de apólices de seguro e de pedidos de indemnização em linha.

A Figura 13 da amostra acima mostra as opções do cliente quando ele faz o login na sua conta. Esta página de início de sessão tem funções como as apólices oferecidas e as suas descrições. Também são apresentados anúncios ao cliente.

5.6.2 A página do cliente

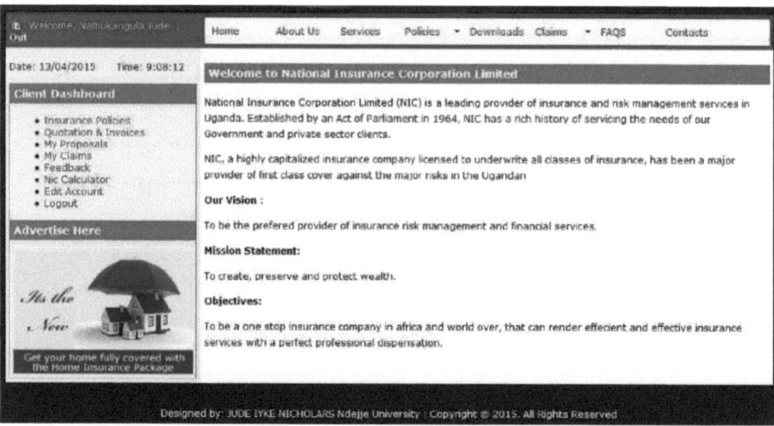

Figura 14: A página do cliente do sistema de seguros em linha.

A figura 14 mostra a página do cliente, onde este pode realizar quaisquer actividades de seguro, tais como apresentar uma proposta de seguro, apresentar um pedido de indemnização ou editar a sua conta.

5.6.3 A página do funcionário

Figura 15: O sistema em linha de registo de apólices de seguro e de pedidos de indemnização

página de oficial.

A figura 15 mostra a página do escritório onde o funcionário pode aceder às propostas de seguro e aos sinistros dos clientes da empresa e, em seguida, avalia e envia o seu relatório ao administrador.

5.6.4 A página do administrador

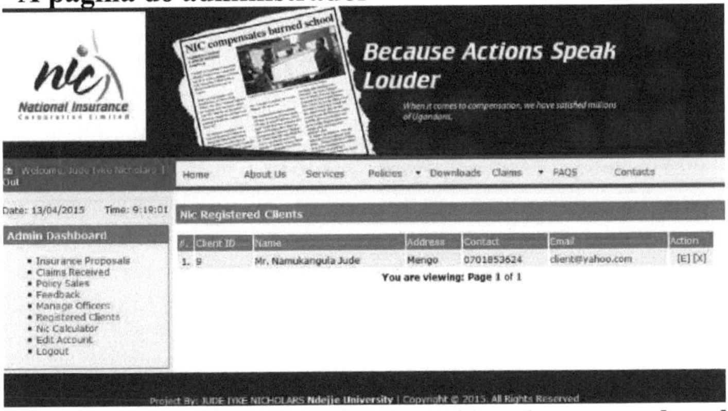

Figura 16: O sistema em linha de registo de apólices de seguro e de pedidos de indemnização

página do administrador.

A figura 16 mostra a página do administrador, onde este pode monitorizar as actividades dos clientes e dos funcionários, como o pagamento dos prémios dos clientes, e atualizar os módulos do código fonte do sistema. O administrador também pode ver os clientes registados e editar as contas de seguro dos clientes, bem como receber feedback do funcionário do seguro.

5.7 Teste e validação do sistema.

O teste do sistema foi efectuado para detetar erros no sistema. A validação do sistema foi realizada para garantir que o sistema estava em conformidade com as necessidades e os requisitos definidos pelo utilizador.

5.7.1 Resultados dos testes do sistema.

Os testes envolveram a verificação do sistema implementado para identificação de erros e deficiências, bem como a sua correção em conformidade. Os testes efectuados foram os seguintes

Testes unitários: Envolveu o teste de cada módulo que foi desenvolvido.

Teste funcional: é o tipo de teste efectuado em relação aos requisitos comerciais da aplicação. Trata-se de um tipo de ensaio do tipo caixa negra.

Testes não funcionais: Este é o tipo de teste efectuado em relação aos requisitos não funcionais.

5.8 Teste unitário do sistema

Requisitos:

- todas as informações corretas introduzidas no formulário de proposta de apólice
- todas as outras combinações serão rejeitadas\
- o texto não é sensível

Dados de teste:

O cliente registado pretende subscrever uma apólice de seguro automóvel

Casos de teste

1. Todos os campos foram introduzidos corretamente; **Resultado:** Proposta efectuada com sucesso, **ver figura. 18**
2. Espaços em branco em todos os campos; **Resultado:** erro: Por favor, indique a marca do veículo, o ano de fabrico, o número de matrícula e o número de chassis, **ver figura. 17**
3. Falta apenas um ou dois campos, como a marca do veículo; **Resultado:** erro: Fornecer a marca do veículo

5.9 Teste funcional do sistema

Requisitos:

- todas as combinações corretas introduzidas no campo e-mail/palavra-passe permitirão ao utilizador entrar
- todas as outras combinações serão rejeitadas
- o correio eletrónico é sensível a maiúsculas e minúsculas
- a palavra-passe é sensível a maiúsculas e minúsculas
- Não é possível terminar automaticamente a sessão clicando no botão "Voltar" na página do browser.

Dados de teste:

foi criada uma conta de utilizador

client@yahoo.com / pass

Casos de teste

1. E-mail válido/palavra-passe válida; client@yahoo.com / pass; Resultado: sessão iniciada, **ver figura.19**
2. Correio eletrónico inválido/palavra-passe válida; february13&&/ enterhere2; **Resultado:** erro: início de sessão inválido, **ver figura. 20**
3. E-mail válido/palavra-passe inválida; client@yahoo.com / enterhere; erro: **Resultado:** início de sessão inválido, **ver figura.20**
4. Correio eletrónico sensível a maiúsculas e minúsculas; Client@yahoo.com/ enterhere2; **Resultado:** erro: início de sessão inválido, **ver figura.20**
5. Palavra-passe sensível a maiúsculas e minúsculas; client@yahoo.com /Pass; erro: **Resultado:** início de sessão inválido, **ver figura.20**

5.10 Teste não funcional do sistema

Requisitos:

- O utilizador pretende terminar a sessão no sistema

Dados de teste:

O utilizador deve estar registado no sistema

Casos de teste

1. O utilizador clica no botão de terminar sessão; **Resultado:** Tem a certeza de que pretende terminar a sessão? **Ver figura.21**
2. O utilizador clica no botão ok; **Resultado:** erro: A sessão foi terminada com sucesso, **Ver figura. 22**

5.5.2 Resultados da validação do sistema.

A validação do sistema é o processo de verificação dos dados de entrada de um sistema para garantir que são exactos, completos e razoáveis. Após a validação, foram feitos os ajustamentos necessários para tornar o sistema mais fácil de utilizar. De seguida, apresentam-se algumas das validações justificadas pelos testes acima referidos.

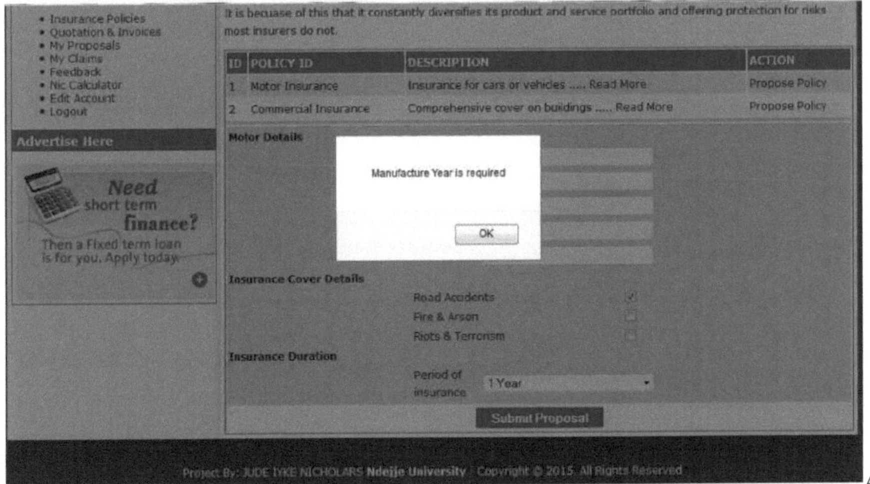

A

Fig. 17 valida o teste unitário

A Fig. 18 valida o teste unitário

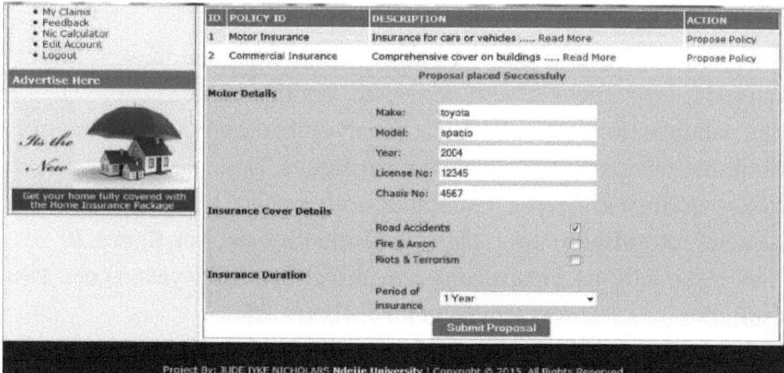

A Fig. 19 valida o teste funcional

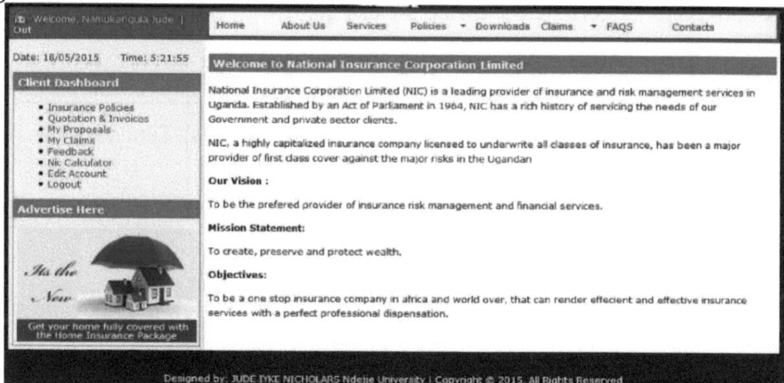

A Fig. 20 valida o teste funcional

A Fig. 21 valida o teste não funcional

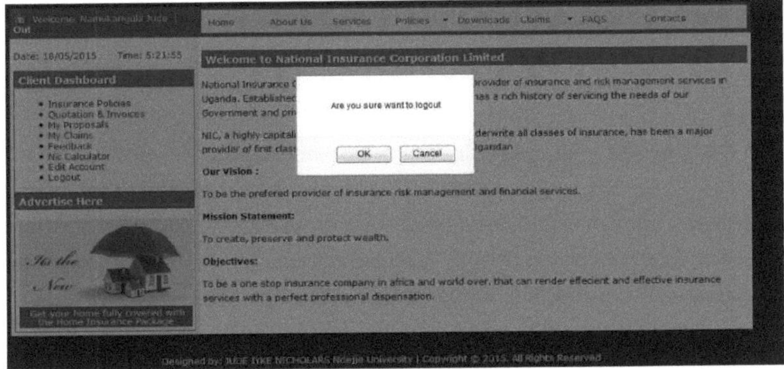

A Fig. 22 valida o teste não funcional

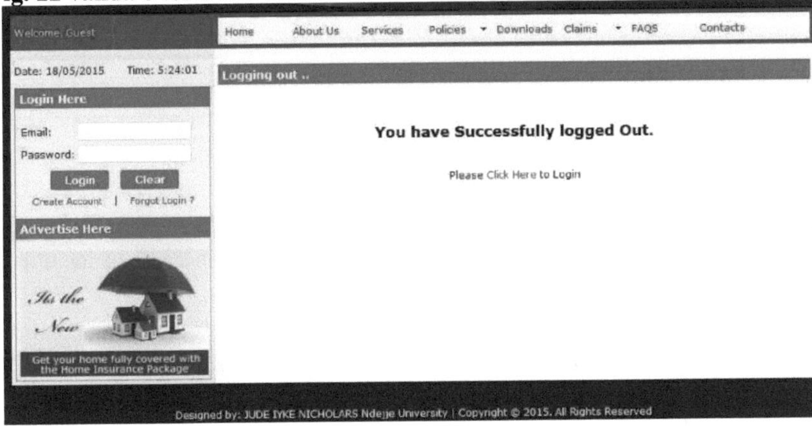

DISCUSSÃO, RECOMENDAÇÕES E CONCLUSÃO

Discussão

O projeto destinava-se a automatizar os processos de registo de apólices de seguro e de reclamações na NIC. Era necessário garantir uma maior rapidez, segurança, disponibilidade e eficiência dos serviços de seguros na empresa. O sistema tem também uma funcionalidade móvel que permite aos clientes receber notificações em tempo real nos seus telemóveis através de SMS em todas as fases da transação.

Foi utilizada uma combinação mista de métodos de investigação para a recolha de dados e a validação do sistema. Uma abordagem de métodos mistos envolve a recolha ou análise de dados quantitativos e/ou qualitativos num único estudo

A técnica de recolha de dados adoptada inclui entrevistas presenciais, questionários, observação e revisão da literatura relevante. Os dados recolhidos foram analisados com recurso ao Microsoft Excel e ao SPSS.

Os diagramas entidade-relacionamento (ERD) foram utilizados para a modelação de dados e os diagramas de fluxo de dados (DFD) foram utilizados para o estudo do processo do sistema.

As tecnologias utilizadas na implementação do sistema incluem Java Script, PHP, XHTML, HTML, CSS para estilos e o sistema de gestão de bases de dados utilizado foi o My SQL.

Para verificar o nível de garantia de qualidade atingido e, por conseguinte, validado, foram utilizadas as seguintes técnicas de teste: testes unitários, técnicas de teste funcionais e não funcionais.

Desafios encontrados

Privacidade: A maioria dos funcionários do NIC não estava disposta a revelar qualquer informação e foi preciso convencer-me muito para que me ouvissem e compreendessem a minha situação.

Finanças limitadas: As finanças eram limitadas, uma vez que tinha de me deslocar de vez em quando ao NIC para os convencer a divulgar algumas informações sobre o seu sistema atual. Os custos de logística e de ferramentas para a conceção do sistema também eram elevados.

Gestão do tempo: Também tive o problema da gestão do tempo em que alguns entrevistados chegavam tarde, contrariamente à hora que tínhamos combinado.

Benefícios do projeto

Consegui desenvolver um sistema em linha de registo de apólices de seguros e de pedidos de indemnização, o que melhorou as minhas competências em diferentes domínios, como a programação e a conceção de bases de dados.

Adquiri competências de comunicação através de várias entrevistas e interações que

tive de realizar com as partes interessadas do sistema.

Pontos fortes do novo sistema

O sistema é eficaz em termos de marketing de seguros e de contacto com os clientes. A partir da Internet, os clientes são facilmente informados sobre novos produtos, ofertas especiais, alterações nas apólices e outras informações sobre a forma de se candidatarem a essas apólices a partir do local onde se encontram, por exemplo, no escritório ou em casa, entre outros.

O sistema é seguro, uma vez que as apólices de seguro são estabelecidas com base em políticas organizacionais definidas por controlos no âmbito do sistema, o que significa menos erros e fraudes.

O sistema é rentável, uma vez que requer menos material de escritório, pois os formulários são preenchidos em linha, e menos deslocações de agentes e clientes, o que permite poupar tempo.

O sistema conferiu à organização confidencialidade, integridade e disponibilidade da informação. Isto é conseguido através da configuração de segurança, da validação da introdução de dados e do facto de o acesso ser feito através da Internet, o que permite que os clientes e os agentes acedam às informações do sistema a partir de qualquer lugar e no momento que lhes for mais conveniente.

Recomendações

No entanto, recomendo que, para além dos dois tipos de seguros que estão a ser automatizados neste novo sistema, sejam acrescentados mais tipos no futuro, de modo a que este sistema seja utilizado pelas companhias de seguros do país, uma vez que reduzirá os seus custos operacionais e melhorará a prestação dos seus serviços de seguros aos seus clientes, alargando assim o mercado. Pode também reduzir o congestionamento nos escritórios das companhias de seguros e ajudar os clientes e os funcionários das companhias de seguros a comunicar diretamente e a todo o momento.

Conclusão

Este projeto foi gratificante, pois deu-me a oportunidade de pôr em prática tudo o que tinha aprendido teoricamente ao longo da minha formação, permitiu-me obter uma melhor visão dos problemas do mundo real e de como fazer uma abordagem correta para os resolver. Alcancei o meu objetivo de conceber um sistema de registo de apólices de seguro e de pedidos de indemnização em linha totalmente funcional para o NIC, que considero ser benéfico para o NIC e para todo o mercado de seguros no Uganda.

REFERÊNCIAS

Ahmadi, H., &Salami, P. (2010).Aplicação de sistemas de informação em seguros electrónicos.*Research Journal Technology,2(1):1-6*

Ahonen, A. (2002). Utilização dos serviços Web das companhias de seguros na cadeia de serviços com corretores de seguros: *Frontiers of e-business research*. Retirado de *http://ebrc.fi/kuvat/148-163.pdf*

Arora, A. (2003). The impact and implications of e-commerce on the insurance industry. *E-Insurance.* Retirado de *http://academicjournals.org/jeif/PDF/.../Oghojafor° %o20et%o20al.pdf*

C-Sam. (2012). Seguro C-Sam. Recuperado de *http://c-sam.com/wp-content/uploads/C-SAM-Insurance-White-Paper.pdf*

Data Board Limited. (1998). As tecnologias da informação e o sector dos seguros em

Nigéria: *The Nigerian Insurer, pp. 9-21.* Extraído de *http://nigerianbestforum.com/generaltopics/?p=42735*

Furey, T.R. (1991). How information power can improve service quality. *Planning Rev iew*, 19(3): 24-26. Extraído de *http://emeraldinsight. com/j ournals.htm ?articleid=851735&show =html*

Harris, S.Y, Katz, J.L. (1991). Organizational performance and information technology investment intensity in the insurance industry,*Organization Science*, 2(3): 263-296

India Infoline (2012). Seguro móvel de tecnologia GoDB. Obtido de *http://indiainfoline.com/Markets/News/GoDB-Tech-developsmobileInsurance*

Jarvinen, R. Insurance on the Internet: Insurance on the Internet: Insurance companies offering and consumer expectations, *Frontiers of e-business research*. Retirado de *http:// ebrc.fi/kuvat/9-22.pdf*

Jeffers, P.I. (2003). A tecnologia da informação e o desempenho dos processos - *uma* investigação empírica das complementaridades entre recursos de TI e não-TI. Retirado de *http://onlinel ibrary.wiley.com/doi/10.1111/j.1540-5915.2008.00209.x/*

Karimi, J. Somers, T.M. e Gupta, Y.P (2001). Impact of information technology management practices on customer service, *Journal Management of Information System,* 17(4): 125 158.

Madueme, I.S. (2009). Avaliação do impacto das tecnologias de informação e comunicação na eficiência bancária utilizando a função de produção transcendental logarítmica e a classificação de camelos,

International Journal of Engineering Science and Technology, 2(1): 1-6
Matassa, C. Neirotti, P. e Paolucci, E. (2003). Tecnologia da Informação: mudança organizacional e crescimento da produtividade: *uma análise empírica da indústria italiana de seguros.* Retirado de *http//www. is2.lse. ac. uk/asp/aspecis/20030112.pdf*
Myers, G. J. (1979). *The Art of Software Testing.* New Jersey: John Wiley & Sons, Inc., Hoboken
Nice. (2010). O resseguro. Extraído de *http://nice. no/englisheInsurance.htm*
Richard, E. e Barbara, D. (2009). Tecnologia da informação e licenciamento de agentes de seguros. Retirado de *http://stewarteconom ics.com/SEI-docs/Publications/agentlic.pdf*
Sebastião, S. outubro(2009). As companhias de seguros e a crise financeira.*Financial Marketing Trends*. Retirado de *http://oecd. org/dataoecd/0/41/44260382.pdf*
NIC (2011). Corporação Nacional de Seguros Ltda. Obtido de *http://nic.co.ug*
UAP. (2011). Cobertura de seguros com base no telemóvel. Retirado de *http://.uapkenya.com/mediacentre/news/*
Wikipédia.(2012).Seguros. Recuperado de *http://en.wikipedia.org/wiki/Insurance*
ICSI.(2013). Tecnologia da Informação e Auditoria da Informação. Recuperado de *http://www.icsi.in/Study%20Material%20Professional/NewSyllabus/ITSA.pdf*
AMPinsure(2014). Sítio Web. Recuperado de *http://www.applicat.co.il/AMPinsure.htm*
Paul Muljadi (2011). Finanças. Recuperado de https://books.google.co.ug/books?id=WJQrWtyyGGQC&pg=PA39&lpg=PA39&d q=Life
OCDE (2005). Catastrophic Risks and Insurance (Riscos catastróficos e seguros). N0.8. Obtido de http://browse.oecdbookshop.org/oecd/pdfs/product/2105041e.pdf
Kenneth .C Laudon e Jane. P Laudon (2012), Management Information Systems, 12th
Edição publicada pela Pearson Prentice Hall. Obtido de http://www.pearsonhighered.com
Tewksbury, R. (2009). Métodos qualitativos versus métodos quantitativos: compreender porque é que os métodos qualitativos

são superiores para a criminologia e a justiça penal. *Revista de criminologia teórica e filosófica, 1* (1).

Getu, D.et al (2006). Metodologia de investigação, *Iniciativa de Formação em Saúde Pública da Etiópia,* Gondar
Universidade. Obtido de
http://www.cartercenter.org/resources/pdfs/health/ephti/library/lecture_notes/health _science_students/ln_research_method_final. pdf

APÊNDICE 1

Pseudo-código para login

Inicializar os parâmetros de login para aceder aos dados (email e password)
Se os parâmetros forem iguais a nulo
    Imprimir , Início de sessão inválido
Além disso
    Aceder à página do tipo de conta

Pseudo-código para Registo

Inicializar parâmetros para os dados do utilizador
Se o campo name for igual a nulo
    Return Error Array, são necessários nomes completos
Se o campo de correio eletrónico for igual a nulo
    Devolver matriz de erro, o e-mail é obrigatório
Se o campo de correio eletrónico for igual ao correio eletrónico na base de dados
    Erro de retorno Array, o e-mail já existe. Por favor, tente outro
Se o campo Telefone não for igual a numérico
    Return Error Array, o telefone tem de ser numérico
Além disso
    Os dados do utilizador são inseridos na base de dados

APÊNDICE 2

AMOSTRAS DE QUESTIONÁRIOS

Queira, por favor, dispensar alguns minutos do seu tempo e responder às perguntas que se seguem para fins académicos.

As perguntas têm como objetivo ajudar a recolher informações que permitam determinar a necessidade de uma mudança na forma como o NIC oferece serviços de seguros aos seus clientes. Garantimos o anonimato da sua resposta a estas perguntas.

Responda às perguntas de forma honesta e de acordo com os seus conhecimentos, assinalando a casa correspondente à sua resposta.

1. Género: ☐ Masculino ☐ Feminino
2. Que idade tens? ....
3. Como é que o NIC oferece atualmente serviços de seguros aos cidadãos?

   ☐ Manualmente ☐ Online
4. Como é efectuado o pagamento?

   ☐ Banco em linha ☐ depósitos ☐ Mobile Money ☐ diretamente nos gabinetes do NIC
5. Como é que um cliente apresenta uma reclamação de seguro ao NIC?

   ☐ Diretamente para os gabinetes ☐ Online
6. Como é que um cliente se regista e subscreve apólices de seguro no NIC?

   ☐ Diretamente para os gabinetes ☐ Online
7. Que tipo de mudança recomenda?

   ☐ Atualização ☐ Novo sistema ☐ Nenhuma das anteriores
8. Qual é a sua relação com o NIC?

   ☐ Pessoal ☐ Cliente ☐ Nenhuma das anteriores

APÊNDICE 3

Exemplos de perguntas para a entrevista.

Estas perguntas foram respondidas por alguns dos clientes do NIC, com o objetivo de captar as informações necessárias dos utilizadores e determinar as necessidades dos utilizadores do sistema.

Queira indicar o seu nome. *(Opcional)*

Quais são as apólices de seguro oferecidas pelo NIC?

Que apólice adquiriu?

Descreva-nos brevemente o procedimento a seguir para estar segurado no NIC.

Quais são as vantagens de utilizar o sistema atual?

Quais são os desafios com que se depara ao utilizar o sistema atual?

Que alterações ou melhorias gostaria de introduzir no sistema atual?

Printed by Books on Demand GmbH, Norderstedt / Germany